正確取捨

富蘭克林的人生信條

道德完美成就一生的幸福

高飛飛——著

不要枉費了自己的生命，學會取捨，
就要少追求物欲、多追求理想。

因為只有理想才賦予人生以意義，
只有理想才使生活具有永恆的價值。

導言

世界上沒有天生的偉人，也沒有天生的笨蛋。人之所以成爲偉大的人物，都有其成功蹤跡可尋；反之，人之所以淪爲平庸低下，亦有其謬因可溯。作爲美國的政治家、外交家、著述家、科學家、發明家而聞名於世，並在各個方面都顯示出卓越才能的世界偉人——班傑明・富蘭克林，一生的傳奇經歷告訴我們：一個人要想有所成就，首先必須是一個有修養、善自律、道德高尚的人。綜觀古今中外，一個領袖人物、一個傑出人物，乃至一個有所作爲的人，他們的道德品質比之他們純粹的智慧結晶，對於人類、對於社會，也許具有更巨大的意義。富蘭克林在這方面絕對堪稱與世長存的典範。

一、偉人傳奇的一生

富蘭克林是美國的開國元勛之一，參與起草了舉世聞名的美國《獨立宣言》，他創立了美國民主黨、創立了議員近斂選舉法，他幾次當選爲美國賓夕法尼亞州的州長，他最先組織消防廳、組織道路清掃部，他還創立了近代的郵信制度，他還是美國第一位駐外（駐法國）大使；他還是美國的第一位學者、第一位哲學家，是政治漫畫的創始人，美國最早的警句家。他是美國第一流的新聞工作者，制訂出《新聞傳播法》，製造了商業廣告，想出了廣告用插圖。他是英語發音的最先改革者，是《簡易英語祈禱書》的作者，是出租文庫的創始人。

在自然科學領域，他是美國第一位發明家，他發現了墨西哥灣的海流，最先解釋清楚北極光，最先繪制出暴風雨推移圖，最先提議夏季作息時間；他發明了兩塊鏡片的眼鏡，富蘭克林式戶爐，以及口琴、搖椅、路燈，設計出夏天穿的白色亞麻服裝；他發現了電和放電的同一性，發明了避雷針；他還被稱爲近代牙科醫術之父，發現了感冒的原因，發現了人呼出的氣體的有害性，創造了換氣法；他最早向美國介紹了黃柳和高粱；發明了顆粒肥料；他還是很有名的游泳選手、印刷工人、印刷商、製造商……

一個人怎麼可能在如此之多的領域，取得如此傑出的成就？這簡直是不可思議的奇蹟！然而這一切都是眞的。

班傑明．富蘭克林於一七〇六年一月十七日出生在北美波士頓牛乳街的一個普通家庭，是肥皂與臘燭製造商喬西亞．富蘭克林最小的兒子。富蘭克林小時候就展現了領導能力，他是孩子王，又愛讀書。由於對文學的興趣，在十二歲時，他就進入了哥哥詹姆斯開設的印刷廠當學徒。由於不滿意哥哥的管理，幾年以後，他離開哥哥的工廠，轉入費城另一家印刷廠工作。

不久以後，富蘭克林自己在費城開設了一家印刷廠，大爲成功。事業成功之後，他娶了黛博拉．李德爲妻。此後，他在全美各殖民地設立加盟印刷廠，擴展他的事業。他設立了墨水製造廠，也做紙類供應商，同時貸款給合夥人。一七四八年，當他放下印刷業的工作時，已被認爲是美洲印刷業的龍頭老大。以當時印刷業在美洲殖民區傳媒的重要性而言，若說當年的富蘭克林在媒體上的地位，猶如今日的泰德．特納或魯伯特．默多克，並不爲過。

從印刷業退出之後，富蘭克林開始在公共事務上投入更多的精力，費城最早的公共圖書館、消防隊、醫院、民眾、巡夜制與大學的設立，他都參與其中；並將影響力擴及到國際事務，代表費城前往英格蘭解決稅務問題。

後來，富蘭克林從事了電的實驗。一七五九年，蘇格蘭的聖安德魯斯大學授予他榮譽博士學位。他在英國議會的言行舉止，使他在美國獨立戰爭前，被指派爲好幾個區域的殖民首長。隨著稅務衝突日益嚴重，戰爭一觸即發，英國政府更常請富蘭克林代表談判。但英國人對他的人身攻擊，卻使他變成激烈的獨立分子，並資助「大陸會議」的活動。在富蘭克林出任駐法大使期間，他從法國國王路易十六那裡籌集到獨立戰爭的經費，從而大大有助於獨立戰爭的進程。

一七八五年，富蘭克林返回費城，成爲制憲大會的賓州代表之一。當時各州派別林立、立場各異，富蘭克林從中協調，終於締造成一部單一的、富於包容性的憲法。他在生命的最後兩年深受痛風之苦，最後一次公開的活動，是發表一篇闡明廢除奴隸制度立場的論文。他於一七九〇年去世，享年八十四歲。

班傑明・富蘭克林就這樣走完了他人生路上的八十四個春秋，靜靜地躺在教堂隊子裡的墓穴中，他的墓碑上只刻著——「印刷工富蘭克林」。

一個來自社會底層的窮小子，靠著自己的天賦和勤奮，不懈努力、自學成才，在眾多領域都取得傑出成就，爲人類做出了巨大貢獻，其思想、發明至今仍惠及眾生，功在千秋。在班傑明・富蘭克林的身上，值得我們思考學習的地方眞的是太多太多……

二、造就富蘭克林成為一代偉人的真正關鍵

富蘭克林是一個只有兩年正規教育經歷的窮孩子，在極其艱苦的條件下，刻苦拼搏，終於成爲一代偉人。除去其勤奮努力的學習精神外，富蘭克林嚴格的自律和克己修身，是助他

成爲一代偉人眞正的關鍵。

後人從富蘭克林的日記中發現，在一七三八年，也就是富蘭克林三十二歲時，他爲自己制定了十二項用以修身自律的人生信條。富蘭克林正是堅持遵守並身體力行這些修身自律的人生信條，從而使自己成爲受人尊重和讚賞的一代美德大師。據說那一年，他想到了一個艱巨且無人做過的計劃：如何讓自己的人格更完好，他希望自己任何時候都不犯錯誤。他有心要戰勝自己的缺點，不論是個人狹隘的偏好，或是同伴所引發的不良行爲。他開始覺悟到壞的習慣必須打破，好的習慣必須培養和建立，這樣才能讓思想與行爲一致。富蘭克林說：「大約在這個時期，我做了一個勇敢而艱巨的決定——走向道德的完美。我期望我的一生任何時候都不再犯錯。不論來自自然傾向、習俗或伙伴，只要是不良影響，我都要克服。只要我知道——或自以爲知道——什麼是對的，什麼是錯的，我就去做對的，避免錯的。」

因此，富蘭克林列出了十二項做人原則，作爲自我要求的依據和修身自律的人生信條。他同時在每一個信條後補充了一條格言，代表他對每一信條的領悟。

這十二項原則如下：

第一項，節制——欲不可太強，求不可太多；

第二項，沉默——避免無聊閒扯，言談必須對人有益；

第三項，秩序——生活物品要放置有序，工作時間合理安排；
第四項，決心——要做之事就下決心去做，決心做的事一定要完成；
第五項，節儉——不得浪費，任何花費都要有益，不論是於人於己；
第六項，勤勉——珍惜每一刻時間，去除一切不必要之舉，勤做有益的事；
第七項，誠懇——不使用欺騙手段，考慮事情要公正合理，說話要依據眞實情況；
第八項，公正——不得損人利己，履行應盡的義務；
第九項，中庸——避免任何極端傾向，盡量克制報復心理；
第十項，平靜——戒除不必要的煩惱，即那些瑣碎、常見的和不可避免的不順利的事情；
第十一項，純潔——淨化思想和靈魂，拋棄一切玷污美德和心靈的東西，不毀損自己或他人的名譽。
第十二項，謙遜——擯棄驕傲與自滿，讓心胸像大海一樣容納百川。

富蘭克林的目的，是將這些信條培養成好習慣，他的方法是在某一段時間裡，只專注於一項信條的修煉。當把這一項信條變成習慣後，再對另一項信條加以培養。如此長久地進行下去，直到他能全部實踐十二條信條爲止。

富蘭克林設計了一個本子，每頁都有十二項信條的項目，而另一邊則是以「天」為單位的記載，每周專注於一種信條，盡量不要在該信條上犯錯，而如果有其他信條的失誤，就必須在該信條上註記「☆」號。如下頁圖所示：

這十二條信條，富蘭克林一生始終不渝地堅持，也正因如此，才成就了他偉大輝煌的一生。

三、偉人不是人人都能當，但偉人的美德卻是人人都可以學

富蘭克林的傳奇人生經歷，不知激勵過多少代人，其嚴格的修身自律信條，也不知有多少人遵行效仿。青年人都希望學習富蘭克林成功的秘訣，他們甚至把富蘭克林作為人生指導的「美德大師」。的確，在今天物欲極度膨脹的社會裡，各種形形色色的誘惑，時時都在覬覦著我們美好的品德，假使你稍不留心，就有可能將整個美好的人生湮沒。在現實社會中，一個人若想在這紛繁複雜、物欲橫流的環境中，不為利欲誘惑，不被污濁侵蝕，不與邪惡同流，就必須加強自身內功的修煉，使自己成為一個道德高尚、品質優良的人。因為這些是一個人走向成功的首要條件，沒有哪一個道德敗壞、毫無修養的人，會成為眞正的成功者。修

	節制	沈默	秩序	決心	節儉	勤勉	誠懇	公正	中庸	平靜	純潔	謙遜
周日		☆			☆				☆			☆☆
周一		☆	☆☆	☆		☆		☆	☆	☆		
周二				☆	☆		☆☆			☆		☆
周三		☆	☆	☆		☆		☆	☆		☆☆	
周四	☆	☆				☆		☆				☆
周五	☆		☆				☆				☆	
周六		☆					☆				☆	

養，是抵制一切有損美德東西的護身符。現在，良好的品行修養比以往任何時期都更加彌足珍貴。

爲此，我們以富蘭克林的十二項修身自律的人生信條爲基點，結合現今時代要求，適應讀者精神需要，在其原信條的基礎上，進行改編和深度挖掘、解讀，精心策劃編寫了《富蘭克林的人生信條》。這本書力求讓讀者在偉人的鞭策激勵下，不斷修煉自身的美德品質，使自己成爲一個有道德、有修養的人。

富蘭克林是一代偉人，當然偉人不是每個人都能當的，但是偉人的美好品德卻是人人都可以學習的。

目錄

信條1 節制

欲不可太強 求不可過多

1. 欲望鎖鏈的勒索與絞殺／024
2. 正視欲望，保持它們的均衡／028
3. 欲望越小，人生就越幸福／031
4. 不克制物欲，必然會導致失敗／033
5. 放縱聲色只會打垮自己／037
6. 少追求物質，多追求理想／040
7. 想想擁有什麼，而非想要什麼／043
8. 正確地取捨，才能正確地把握命運／046
9. 讓心境永遠地離開貪婪／049

信條2 沉默

避免無聊閒扯，言談必須有益

1. 謹言慎語，學會留有餘地／056
2. 簡潔明瞭，說完就打住／061
3. 沈默，並非不善於辭令／064
4. 裝聾作啞可以不戰而勝／070
5. 聒噪不如沈默，息謗得於無言／075
6. 不和別人做無謂的爭辯／078
7. 鼓舌搖唇，言多必失／082
8. 絕對不可以嘮嘮叨叨／086
9. 不要在背後論人長短／089
10. 不要做一個沉溺於閒談的人／091

信條3 秩 序

生活物品要放置有序，工作時間要合理安排

1.秩序：天國的第一條法規／098
2.成功不會青睞做事沒有次序、沒有條理的人／101
3.井然有序可以使你掌握自我／104
4.做事分清輕重緩急和主次／108
5.要事第一，集中精力做最重要的事／114
6.工作環境井然有序，可以提高工作效率／118
7.養成善用大事表的工作習慣／122
8.充分掌握和支配屬於自己的時間／126
9.爲每一天、每一周制定工作計畫／129
10.掌握好生活的節奏感／134

信條4 決 心

要做事就須下決心去做，決心要做的事就一定要完成

1.決心就是「認準了就要全力以赴、堅持到底」／140
2.全力以赴的精神，對人生的影響不可估量／145
3.世界上沒有任何東西能夠代替恒心／148
4.走自己的路，讓別人去說吧／153
5.想做的事就要立刻去做／157
6.痛下決心，剷除拖延的惡習／161
7.克服人們最常見的弱點：因循和寡斷／164
8.絕不做半途而廢的人／168

信條5 節 儉

不得浪費，任何花費都要有益，不論是于人於己

1.節儉是你一生一世受用不盡的利益／172

2. 簡樸的生活是洞察世界後產生的美感／174
3. 該花的絕不吝嗇，不該花的絕不要花／177
4. 最有效的節儉方法就是把錢存入銀行／181
5. 未雨綢繆：養成儲蓄的習慣／183
6. 不恰當地花錢就是浪費／190
7. 揮霍無度將斷送自己的前程／193
8. 要節儉，但也要避免過度不當的節省／195
9. 珍惜每一美元的世界首富／198

信條6 勤勉

珍惜每一刻時間，去掉一切不必要之舉，勤做一切有益之事

1. 心動，不如馬上行動／204
2. 勤勉努力是世界上最偉大的法則／208
3. 別讓懶惰腐蝕你的心靈／211
4. 勤奮工作是一個人擁有真正生活的保護神／214

5. 珍惜生命中的每一秒鐘／218
6. 抓住今天而有所作爲／220
7. 實幹精神會使你脫穎而出／224
8. 勤奮要講究策略，否則就是蠻幹／228

CONTENTS

道德完美 成就一生的幸福

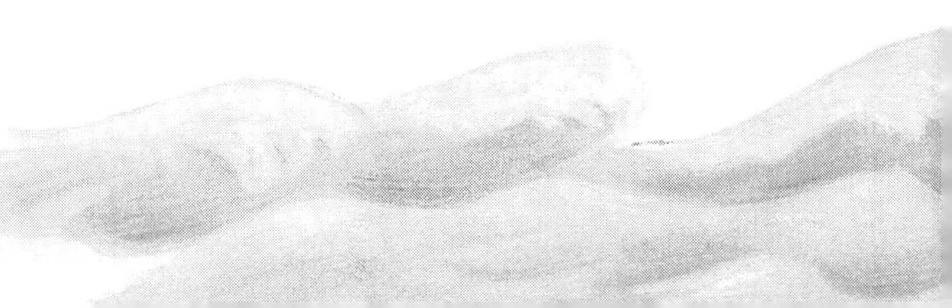

第一條 PART 01 節制

欲不可太強　求不可過多

所有成功的秘訣在於自我克制。
如果你學會了駕馭自己，那麼你就有了一位最好的老師。
頭一個欲望還好過制，
隨後無休止的渴望就難滿足。

1. 欲望鎖鏈的勒索與絞殺

「欲」是人的一種生理本能。人要生活下去，就會有各種各樣的「欲」，餓了有食欲，渴了有飲欲，睏了有睡欲，冷了有暖欲，缺東西時有物欲，異性相悅時有情欲。但是，凡事總要有個「度」。欲望多了、大了，就要生貪心；欲望過多過大，必然欲壑難填。富蘭克林說過：欲望就像是一條鎖鏈，一個牽著一個，永遠都不能滿足，貪欲者往往被財欲、物欲、色欲、權欲等等迷住心竅，攫取無度，終致縱欲成禍、殃及一生。

古時候，有一位禁欲苦行的修道者準備離開村莊，到無人居住的山中去隱居修行。臨走時他只帶了一塊布當作衣服。

後來他想到：洗衣服的時候，需要另外一塊布來替換，於是就下山到村莊中，向村民們乞討一塊布。村民們知道他是虔誠的修道者，於是毫不猶豫地就給了他。

回到山中之後，修道者發覺在他居住的茅屋裏有一隻老鼠，常常會在他專心打坐的時候，來咬他那塊準備換洗的「衣服」。他早就發誓一生遵守不殺生的戒律，因此他不願意傷害那隻老鼠，但是又沒有辦法趕走，所以他回到村莊中，向村民要了一隻貓來飼養。

得到了一隻貓之後，他又想到了——「貓要吃什麼呢？我並不想讓貓去吃老鼠，但總不能跟我一樣，只吃一些水果與野菜吧！」於是他又向村民要了一隻乳牛，那隻貓就以牛奶爲食。

在山中居住了一段時間以後，他發覺每天都要花很多的時間來照顧那隻乳牛，於是他又回到村莊中，找來一個無家可歸的流浪漢，幫他照顧乳牛。

流浪漢在山中居住了一段時間之後，他跟修道者抱怨說：「我跟你不一樣，我需要一個太太，我要正常的家庭生活。」修道者想一想也有道理，他不能強迫別人一定要跟他一樣，過著禁欲苦行的生活……

這個故事就這樣繼續演變下去，你可能也猜到了，到了後來，整個村莊都搬到山上去了。這正如富蘭克林說的那樣，「欲望就像是一條鎖鏈，一個牽著一個，永遠都不能滿足。」

還有一個故事：

從前有一隻獼猴，手裏抓了一把豆子，高高興興地在路上一蹦一跳地走著。一不留神，手中的一顆豆子滾落在地上，爲了這顆掉落的豆子，獼猴馬上將手中其餘的豆子全部放置在路旁，趴在地上，轉來轉去、東尋西找，卻始終不見那顆豆子的蹤影。

獼猴只好用手拍拍身上的灰土，準備拿原先放置在一旁的豆子，怎知這些豆子全都被路旁的雞鴨給吃了。

一個人對於某些事物的追求，如果缺乏智慧的判斷，只是一味地投入，不也像故事中的獼猴，只是顧及掉落的一顆豆子，等到後來，終將發現所損失的竟是所有的豆子！想想自己現在的追求，是否也是放棄了手中的一切，僅追求掉落的一顆！

在印度的熱帶叢林裏，人們用一種奇特的狩獵方法捕捉猴子：在一個固定的小木盒裏面，裝上猴子愛吃的堅果，盒子上開一個小口，剛好夠猴子的前爪伸進去，猴子一旦抓住堅果，爪子就抽不出來了。人們常常用這種方法捉到猴子，因爲猴子有一種習性，不肯放下已經到手的東西。

人們總會嘲笑猴子的愚蠢：爲什麼不鬆開爪子、放下堅果逃命？但審視一下我們自己，也許就會發現，並不是只有猴子才會犯這樣的錯誤。

有些人不是因爲放不下到手的職務、待遇，整天東奔西跑，耽誤了更遠大的前途；有些人不是因爲放不下誘人的錢財，費盡心思，利用各種機會去大撈一把，結果作繭自縛；有些人不是因爲放不下對權力的佔有欲，熱衷於溜鬚拍馬、行賄受賄，不惜丟掉人格的尊嚴……；一旦事情敗露，後悔莫及。

前車之覆，後車之鑒。生命如舟，生命之舟載不動太多的物欲和虛榮，要想使之在抵達彼岸前，不在中途擱淺或沉沒，就必須輕載，只取需要的東西，把那些應該放下的「堅果」果斷地放下。

2.正視欲望，保持它們的均衡

每個人都有物質、精神、肉體和心靈方面的欲望，雖然人們常說心靈的欲望最重要，但其他的欲望也不容忽略。因為自尋眞實自我的基石，就是正視所有的願望。

無法實現內在成就時，精神的欲望就得不到滿足；缺乏外在成就時，物質的欲望就有所欠缺；心願無法滿足時，就會勾起心靈的欲望；當萎靡不振時，無異是違背了保持身體健康的欲望。

所以，惟有正視所有欲望，保持它們的均衡，人生才會納入正常的軌道，成功的機率才會更大。正視欲望並不表示一定要採取行動，當傾聽自己內心的聲音，正視所有欲望之際，它們自然會達到均衡。當一種欲望在各方面都能獲得平衡時，這就是眞心的渴求。

一些人之所以常不自覺地忽略眞心的渴求，就是因為心中的各種欲望有時會產生衝突。例如：理智告訴自己要堅強，但在感性上，自己卻需要快樂與關愛。看不到大局時，理智告訴自己金錢最重要，快樂與成就感都是其次；但在感性方面，自己的靈魂卻渴望快樂與關懷。如此一來，兩方面的欲望就產生了衝突。

事實上，物質與精神不見得互相衝突。物質成就與精神成就同樣重要。心靈欲望不見得比肉體欲望崇高。人類的欲望是複雜多變的，但所有的欲望都同等重要。人們要學會正視欲望。

正視欲望就要求人們懂得放棄、割捨，懂得適可而止的道理。

在欲望的放棄和壓抑之間，是存在著原則性區別的。一個人如果壓抑他所有的欲望和希望，認爲它們根本不可能實現，那麼他就有可能走上一條悲劇性的道路。但敢於大膽放棄的人，能很清楚地認識到，哪些欲望是根本不可能實現的、沒有任何價値的，在放棄之後，他們的內心變得更爲堅強有力。他們敢直接面對人生，也清楚地知道自己爲什麼要那麼做。如果一個人能夠這樣對自己說，那麼他便懂得放棄中也包含著豐富的人生智慧，就不會再壓抑自己。人們直面人生中的誘惑並能放棄它們，堅信只有這樣才能實現永恆的和眞正的幸福，人們便不再感到內心的衝突和精神上的重負。

但是，人們在心情不好時，會不自覺地把壞心情抱得更緊，從而無法從煩惱的死胡同中走出來，因爲他不懂得割捨。

正視欲望還意味著，有些時候，我們所擁有的東西不一定是越多越好，凡事要適可而止。下面這段話很有寓意：

一位印第安酋長對他的臣民們說：「上帝給每一個人一杯水，於是，你從裏面體味生活。」

生活確實就是一杯水，清澈透明、無色無味，對任何人都一樣。接下來你有權力加鹽、加糖，只要你喜歡。

你有欲望，不停地往杯子裡加水，或者加糖，但必須適可而止，因爲杯子的容量有限。啜飲的時候，你要慢慢地品味，因爲你只有一杯水，水喝完了，杯子便空了。

生活當中，有多少人爲了讓自己的這杯水色香味俱佳，而無謂地往裏面加著各種各樣的佐料。諸如愛情、友情、金錢、喜、怒、哀、樂……等等，所以都感覺著活得非常「累」；然而，只要你適度地、有選擇地放入調料，你的生活便會過得有滋有味。

3.欲望越小，人生就越幸福

富蘭克林說：「欲望越小，人生就越幸福。」這話，蘊含著深邃的人生哲理。「欲望越小，人生就越幸福」，這是針對欲望越大，人越貪婪、人生越易致禍而言的。古往今來，被難填的欲壑所葬送的貪婪者，多得不可計數。

有個故事說：

有一個人想得到一塊土地，地主就對他說，清早，你從這裏往外跑，跑一段就插個旗桿，只要你在太陽下山前趕回來，插上旗桿的地都歸你。那人就不要命地跑，太陽偏西了還不知足。太陽落山前，他是跑回來了，但已精疲力竭，摔了個跟頭就再沒起來。於是有人挖了個坑，就地埋了他。牧師在給這個人做祈禱的時候，說：「一個人要多少土地呢？就這麼大。」

這個死者，正像富蘭克林所說：「有些人因爲貪婪，想得到更多的東西，卻把現在所有的也失掉了。」

其實，每一個人所擁有的財物，無論是房產、汽車、金子……，無論是有形的，還是無形的，沒有一樣是屬於自己的。那些東西不過是暫時寄託於你，有的讓你暫時使用，有的只是讓你暫時保管而已，到了最後，物歸何主都未可知。所以，智者把這些財富統統視爲身外之物。著名哲學家卡耐基說：「要是我們得不到我們希望的東西，最好不要讓憂慮和悔恨來苦惱我們的生活。且讓我們原諒自己，學得豁達一點。」

根據古希臘哲學家艾皮科蒂塔的說法，哲學的精華就是：一個人生活上的快樂，應該來自盡可能減少對外來事物的依賴。羅馬政治學家及哲學家塞尼加也說：「如果你一直覺得不滿足，那麼即使你擁有了整個世界，也會覺得傷心。」且讓我們記住，即使我們擁有整個世界，我們一天也只能吃三餐，一次也只能睡一張床。即使是一個挖水溝的工人也可如此享受，而且他們可能比洛克菲勒吃得更津津有味，睡得更安穩。

欲壑難填是一種病態，如果任其發展下去，其結局必然是自我爆炸、自我毀滅。

「身外物，不奢戀」是思悟後的清醒。它不但是超越世俗的大智大勇，也是放眼未來的豁達襟懷。誰能做到這一點，誰就會活得輕鬆、過得自在、遇事想得開，放得下。身上修築的這個無形「桃花源」，還可以改變體內生化狀態，保護心臟和血管不受損害。

4.不克制物欲，必然會導致失敗

克制孕育成功，成功來自克制。爲所欲爲、不能克制，只能導致失敗。

自我克制的勇氣可以體現在許多方面，但是惟有在眞正的生活中體現得最眞切、分明。沒有自我克制美德的人，不僅使自己屈從於自私的欲望，而且還使自己受那些與自己類似之人的奴役：別人做什麼，他們也做什麼。他們必定會按照他們那一階層的虛假的生活標準來生活，像他們一樣消費，絲毫不顧後果。與此同時，他們也許都會拼命追求一種高於他們平均水平的生活標準。每種欲望輕易就俘虜了他們，他們沒有道德勇氣去克制欲望。他們不能抵制更高生活水平的誘惑，雖然這可能要以犧牲他人的利益爲代價。他們漸漸地不在乎欠債，直到這些欠債開始奴役、擺佈他們爲止。在所有這一切中，明顯存在著道德懦弱、卑怯，明顯缺乏獨立自主的性格。

一個善於節制的人，絕不會粉飾自己，也絕不會打腫臉充胖子，假裝闊佬，也絕不會去奢求那海市蜃樓般的生活方式。他會坦然地過那種量入爲出的生活，而不會不正直地過那種以損害別人爲手段，或者說依賴別人接濟度日的生活。因爲，對他來說，那種借債以維持入不敷出生活方式的人，在精神上就如同那種公開扒竊你的錢包的人一樣不誠實。

對許多人來說，這也許是一種偏激的觀點，但是這種觀點卻經受得起最嚴格的檢驗。以他人爲代價的生活不僅不正直，而且事實上也是一種虛僞的生活，如同撒謊。

善於節制的人更善於厲行節約，注意細水長流，不會大手大腳、胡支濫花，他絕不會淪落到打腫臉充胖子或借債度日的地步。因此，收入雖少但能控制欲望的人不會貧窮，收入能充分滿足其需要的人，也就是富翁。當蘇格拉底看到大量的財富、珠寶以及一些價值連城的傢俱，蔚爲壯觀地運抵雅典城時，他說：「現在，我看到了許多我並不奢求的東西。」伯瑟斯也說：「我能諒解一切自私的事情，即使那種最貧困的生活環境，也許有『你的和我的』大量財富；只有那種最貧窮的人，才惦記著日常生活中的柴米油鹽。其實，如果他們量入爲出，他們是能夠小心謹愼地安排好他們的飲食起居等日常生活的。」

一個人如果有更高的追求，那他就不會終日想著錢財。法拉第便是這樣的人，他因爲追求科學而犧牲了巨額財富。但是如果他喜愛錢財買來的歡樂生活的話，他一定能過上這種生活，不會像那些借債度日而無力償還的人那樣，去向他人借債度日。當別人問起已負債累累的馬金以什麼支付酒錢時，他回答說他不知道，但是他相信他們會「在一本帳單上又添加一筆欠賬」。

這種「記賬」的生活方式，表明了許多意志薄弱者的墮落。他們不能抵制消費一些目前無力支付的東西的誘惑，因而總是賒欠。這也將證明，如果全部廢除那些保護債權人在一定情況下欠債權利的法律，那將會產生巨大的社會效益。但是在商業競爭中，總是鼓勵借債，借債人總是指望這種法律，以使他最大限度地獲利。史密斯一次去一位新鄰居家，當地報紙報導說，這位新鄰居是一個「貿易往來頻繁」的人，各行各業都請求他的「惠顧」。但是史密斯很快使他的這位新鄰居頭腦清醒下來。「我們根本不是什麼大人物，」他說，「我們也是正直的普通人——欠債還錢的普通人。」

在現在的日常中，在錢財問題上，關於講公德的調子非常之低。在有的人那裏，挪用公款並非被認爲是不可置疑的事情，一些頭頭們毫不猶豫地保護他忠心耿耿的追隨者「自由地」挪用公款。他們是一些「寬宏大量」的人，只不過損害了別人的利益。他們都像那些達官貴人一樣：

「出於他們極度的慷慨，以犧牲當地利益爲代價，對那些擠佔、挪用公款的人，一直開綠燈。」

斯科特寫了《拿破崙傳》、《祖父的故事》、《羅伯特伯爵在巴黎》、《吉爾斯坦的安娜》

……，這些作品，大部分都是在其痛苦、悲傷和家境窘迫的時候寫的。作品的所得都用於還債。他說：「那時，我不能像我現在這樣睡得安穩、暢快，因爲我現在如釋重負，債權人的感謝話語使我備感輕鬆、愜意，履行我作爲一個誠實、正直、講求信譽的人的義務後，我也備感自豪和驕傲。以前，一條長長的、使人備感壓抑的黑暗的道路，橫亙在我的面前，但是這條路指引我，保全了我清白的名聲。如果我完成了我的任務，即償清了我所欠的債務，我將受到所有有關的人的讚揚，我自己的良心才會安穩，我才會心安理得。」

許多人在對待物質上——特別是金錢上——不夠克制，導致人生失敗或沒有任何成就。所以，自我克制是對成功者的一個巨大的影響因素。成功歷來只屬於那些有克制美德的人。

5.放縱聲色只會打垮自己

人要活得瀟灑快樂，必須會享受人生。享受人生，人性使然，無可厚非。然而享受要有度，不加節制、放縱聲色，將使人萎靡頹廢、意志消沉，貽害無窮。

如果從外部世界給予「我」的狀態來理解，則只有當外部世界——無論物質的東西或是精神的東西，無論衣食住行，聲色玩樂——使人們的肉體和精神都適宜的時候，人們才有享受人生的感覺。「適宜」就是適中，即「非不及」又「非太過」、不偏不倚，符合中庸的感覺。在這裏，「不及」就是匱乏、欠缺、不足，亦即貧窮。「窮則思變」就是指由匱乏的不適宜，通過奮鬥變得適宜享受。「太過」就是過分、就是奢侈。奢侈與貧窮同樣不適宜人的享受。「克制奢侈」就是指由過分的不適宜享受透過克制而變得適宜享受。

對於享受人生而言，努力奮鬥與克制奢侈具有同等重要的意義，對社會的文明和進步而言，也具有同等的價值，前者將不足補足，後者將剩餘節省。

人們都很容易理解貧窮不適宜人，如饑寒不適宜人的肉體，沒有書讀不適宜文化人的精神，卻不太容易理解過分地貪求享受——即奢侈——同樣不適宜人。在這點上，東方文明的中國古人領會得最爲深刻，他們所表現的中庸的智慧，幾乎完美得無可挑剔。

他們認爲，「愛惜自我生命，善於享受人生的人，製作衣服能夠安身暖體就行了。」

不去貪求過厚過暖，過厚過暖使人脈理團結、氣血不流暢。飲食合口味、飽饑腸就行了。不去貪求過分的珍饌佳餚，更不可吃得過飽。吃得過飽必然使胃太滿，胃太滿，胸腹就會悶脹，胸腹悶脹就會渾身不通暢，這就是「膏腴害骨」。住房不貪過高大空闊，過於空闊的房子多陰氣，多陰氣就會產生蹶疾。聽音樂只在於使自己的性情安樂平靜就行了，不要去聽那些過於霹靂喧嘩之音，那會使人更加浮躁不安。過分貪求衣食住行的奢侈，只會帶來無窮的禍患，導致全身浮腫，筋骨積滯不通，血脈阻塞不暢、九竅空虛，喪失正常機能。

放縱聲色的害處很大，歸納起來有這樣幾點：

一是，沉溺於聲色之中，不能拒絕聲色的迷惑，放鬆自身的修養，墮落下去。

二是，心在聲色之中過度不羈，故而疏遠了應該從事的事業，給自己、給事業造成很大的損失。人的精力是有限的，這方面用多了，其他方面自然就無力顧及。過分沉醉於聲色的享受之中，就會意志鬆懈、事業無成。

三是，迷戀聲色，容易被對手利用這一弱點，施用美人計，達到其不可告人的目的。

縱情於聲色之中，只會打垮自己，應當學會自我克制、適可而止，讓人生享受成為事業的推進劑。

6.少追求物質，多追求理想

「捨得，捨得，有捨才有得。」要使人生富有意義，必須學會取捨。富蘭克林說：「人生的藝術，在於進退適時、取捨得當。」因爲生活本身即是一種悖論：一方面，它讓人們依戀生活的饋贈；另一方面，又註定了人們對這些禮物最終的棄絕。正如先師們所說：人生一世，緊握雙拳而來，平攤兩手而去。

人生是如此的神奇，這神靈的土地，分分寸寸都浸潤於美好之中，人們當然要緊緊地抓住它。這，人們是知道的，然而這一點，又常常只是在回顧往昔的時候才爲人們覺察。可是一旦覺察，美好的時光已是一去不復返了。凋謝了的美，逝去了的愛，銘記在人們的心中。生活的饋贈是珍貴的，只是我們對此留心甚少。人生眞諦的要旨之一是：告誡我們不要只是忙忙碌碌，以致錯失掉生活的可歎、可敬之處。虔誠地恭候每一個黎明吧！擁抱每一個小時，抓住寶貴的每一分鐘！

執著地對待生活，緊緊地把握生活，但又不能抓得過死，鬆不開手。人生這枚硬幣，其

反面正是那悖論的另一要旨：我們必須接受「失去」，學會怎樣鬆開手。

這種教誨是不易領受的。尤其當人們正年輕的時候，滿以爲這個世界將會聽從我們的使喚，滿以爲我們用全身心的投入所追求的事業，都一定會成功，而生活的現實仍是按部就班地走到人們的面前——於是，這第二條眞理雖是緩慢的，但也是確鑿無疑地顯現出來。

人們在經受「失去」中逐漸成長，經過人生的每一個階段。人們只是在失去娘胎的保護後，才來到這個世界上，開始獨立生活；而後又要進行一系列的學校學習，離開父母和充滿童年回憶的家庭；結了婚，有了孩子，等孩子長大了，又只能看著他們遠走高飛。我們要面臨雙親的謝世和配偶的亡故；面對自己精力逐漸的衰退；最後，我們必須面對不可避免的自身死亡——我們過去的一切生活，生活中的一切夢都將化爲烏有！

但是，人們爲何要臣服於生活的這種自相矛盾的要求呢？明明知道不能將「美」保持永久，可人們爲何還要去造就美好的事物？人們知道自己所愛的人早已不可企及，可爲何還要使自己的心充滿愛戀？

要解開這個悖論，必須尋求一種更爲寬廣的視野，透過通往永恆的視窗來審視自己的人生。一旦如此，人們即可醒悟：儘管生命有限，我們在世界上的「作爲」卻爲之繪就了永恆的圖景。

人生絕不僅僅是一種作爲生物的存活，它是一些莫測的變幻，也是一股不息的奔流。父母將通過兒女而生存下來，兒女也將通過自己的兒女而生存下去。人們建造的東西將會留存久遠，人們自身也將通過它們得以久遠的生存。人們所造就的美，並不會隨人們的湮沒而泯滅。人們的雙手會枯萎，人們的肉體會消亡，然而人們所創造的眞、善、美則將與時俱在，永存而不朽。

不要枉費了自己的生命，學會取捨，就要少追求物欲，多追求理想。因爲只有理想才賦予人生以意義，只有理想才使生活具有永恆的價值。

7.想想擁有什麼，而非想要什麼

人生的快樂在於自己已經擁有的，而非自己想像的、渴求的、心裏想要的。

西方一位心理學家指出：最普遍的和最具破壞性的傾向之一，就是集中精力於自己所想要的，而不是自己所擁有的。人們僅僅不斷地擴充自己的欲望名單，這就確保了人們的不滿足感。人的心理機制說：「當這項欲望得到滿足時，我就會快樂起來。」可是一旦欲望得到滿足後，這種心理作用卻不斷重覆。

一個年輕人在星期天結清了新房子的欠款。在另一個星期天裏，他對別人所談論的，是他的下一個甚至會更大的房子！不只他一人如此，人世中大多數人會做極其相同的事情。人們想要這個或那個。如果人們不能得到自己想要的，就不停地去想自己所沒有的，並且始終保持一種不滿足感。如果人們確實得到自己想要的，卻又在新的環境中重新創造同樣的想法。因此，儘管得到了自己想要的，自己仍舊不高興。當人們不斷充滿新的欲望時，是得不到幸福的。

幸運的是，有個可以快樂起來的方法。那就是改變人們思考的重心，從人們「所想要的」轉而想到人們「所擁有的」。不是期望自己的愛人是別人，而是試著去想自己愛人美好的品質；不是抱怨自己的薪水，而是感激自己擁有一份工作；不是期望自己能去度假，而是想到自己家附近亦有樂趣，這有多高興。這種可能性是沒有窮盡的！

每次，當注意到自己跌入這種「我期望生活有所不同」的陷阱中時，退回來，並且重新來過。吸口氣，記住！要感激自己所擁有的一切。當你的精力不是集中於你想要的，而是你所擁有的上面時，不管怎樣，你都會結束這種要得到更多的想法。

如果自己聚焦於自己愛人的好品質，那麼她將會更加表現出愛意。如果自己感激自己的工作而不是去抱怨它，那麼自己將會把工作做得更好，更加多產，並且無論怎樣，都可能最終得到一次加薪。

如果自己聚焦於在房屋周圍享受的方式，而不是等著到風景區享受，自己最終會有更多的樂趣。如果自己曾去過夏威夷，那麼自己會習慣於享受。萬一，如果自己沒去過夏威夷，不管怎樣，自己也會有一個很不錯的生活。

然而可悲的是，許多人總是對現狀感到不滿足，並且是一種遞進態度——無限期地不知足。人們並非有意如此，而是人們總在說服自己：「有朝一日，我會快樂滿足的。」

人們告訴自己，當自己付清帳單，當自己完成學業，得到自己的第一份工作、一次提升時，自己將會快樂滿足。人們勸告自己，當自己結婚之後，有了孩子之後，生活將會更美好。然後自己會苦於孩子不夠大——當他們長大了，自己將會更滿足。之後，自己又苦於要去應付孩子的成長。當孩子跨過這一階段，自己當然會高興。自己又對自己說，如果我的配偶表現出色，當我有輛更好的車，能夠去歡度假期；當我退休了時，我的生活將會完美。如此等等！

每當人們得到什麼，或達到了某個目標，大部分人僅是立即再繼續到下一件事。這壓制了人們對生活和許多幸福的欣賞，使人們感到從來沒有滿足的時候。

學會滿足，並不是說自己不能、不會或不該想得到比自己的財產更多的東西，只是說自己的幸福不要依賴於它。自己可通過更著眼於現在，而不是太注重自己想得到的東西，來學會安享現有的一切。

8.正確地取捨，才能正確地把握命運

每個人都有著自己不同的發展道路，面臨著人生無數次的抉擇。當機會接踵而來時，只有那些能作出正確取捨的人，才能正確地把握住自己的命運。

有一則故事：

一隻老鷹被人鎖著。它見到一隻小鳥唱著歌兒從它身旁掠過，想到自己卻……，於是它用盡全身的力量，掙脫了鎖鏈，可它也掙折了自己的翅膀。它用折斷的翅膀飛翔著，沒飛幾步，它那血淋淋的身軀還是不得不栽落在地上。

老鷹嚮往小鳥的自由，掙脫了鎖鏈，卻犧牲了自己的翅膀。自由的代價原來是犧牲自己飛向自由的翅膀，於是也犧牲了自由。

自由和鎖鏈本來就是孿生兄弟。在現實生活當中，自由似乎都被鎖鏈拴扣著。「鷹擊長空，魚翔淺底」這都是眞的嗎？人們問自己。就讓自己活在夢境當中，當它是眞的吧。可長空的老鷹掙脫有形的鎖鏈之後，卻不知自己又被內心的欲望這條無形的鎖鏈鎖著。當它饑

了、渴了，回到的還是那高張的羅網之旁。

有句俗話：「成人不自在，自在不成人。」一個人一生一世，熙熙攘攘，挑肥揀瘦，朝三暮四，爲了什麼，還不是爲自己選擇一條什麼樣的鎖鏈嗎？正所謂：「禍兮福之所倚，福兮禍之所伏。」當一個人福祿並臻、名利雙收之際，也就招來了雙重的捆綁，戴上了雙重的鎖鏈。這就是代價。所以一個人應該學會——放棄自由。

古時的一位高人，在給慕名前來學習的人第一次講道時，先拿了一滿杯黑顏色的水，然後再往這杯子裏倒清水。杯裏的水不斷外溢，而杯中的水仍有黑顏色混在其中。這時，那高人對求學者說：「要想得到一杯清水，必先倒掉髒水，洗淨杯子，學習也是如此。」

有追求必有所放棄，學習也是如此。要在學業上取得更大的進步，就需要不斷拋棄陳舊的觀念，更新知識，不斷調整，改變思維方式。法國生理學家貝爾納說：「構成我們學習上最大障礙的是已知的東西，而不是未知的東西。」愛因斯坦也說過：「我學會了那些深邃的知識，而把其他許多只是充塞耳目、會轉移主要目標的東西撇下不管。」

有一個故事說：

在一個暴風雨的夜裏，一個人駕車經過車站。車站上有三個人在等巴士，其中一個是病得快死的老婦人，一個是曾經救過駕車人的性命的醫生，還有一個是駕車人長久以來的夢中情人。如果駕車人只能帶上其中一個乘客走，駕車人會選擇哪一個？

答案是，把車鑰匙給醫生，讓醫生帶老人去醫院，然後駕車人和自己的夢中情人一起等巴士。駕車人的選擇感動了他的夢中情人，她最終投入了他的懷抱。

放棄，對每一個人來說，都有一個痛苦的過程，因為，放棄意味著永遠不再擁有。但是，不會放棄，想擁有一切，最終將一無所有，這是生命的無奈之處。

如果人們學會放棄一切執著，甚至是利益，人們反而可以得到更多的東西和利益。生活是公平的，給予每一個人的都是同樣的一座豐富的寶庫，睿智的人會放棄、取捨，選擇適合自己應該擁有的，否則，生命將難以承受，甚至最終什麼都得不到。

9.讓心境永遠地離開貪婪

嚴格說來，在當今社會，有許多人並不是在眞正地生活，而只是在生存。他們往往是病態的進取心的奴隸，內心的貪欲不斷蔓延生長，最後成爲支配他們頭腦和靈魂的魔鬼。他們總是不滿足，總是盡力追求著排場和門面。比如，讓自己的家居裝飾保持在他們本來無法達到的水平上；在買不起自行車的時候就買汽車；穿著名牌時裝，佩戴昂貴首飾。他們總是爲這些事情操心，往往弄得自己耗盡精力、身心疲憊。他們所做的這一切，並不是爲了獲得那些眞正值得追求的東西，其實也沒有增加他們的快樂和幸福。

有些人狂熱地希望自己在別人眼中的印象，要比他們的實際情況要好；希望別人能夠看高他們，認爲他們在社會上有著舉足輕重的作用。他們沒有用精力去做那些應該做的事情，那些眞正有益於他們成熟和幸福的事情，而僅僅是面對著一些虛榮浮華的東西，卻不肯面對生活的現實。結果，連周圍的人們也不知道他們眞實的樣子，只瞭解他們表面上的情況。那麼，這些在虛榮的陰影中生活的人們，到底要從生活中得到什麼呢？

當今社會的一個悲哀之處在於，年輕人的健康狀況不佳，過度工作使他們喪失了青春的活力。在病態的野心的驅使下，他們感到有些力不從心。但他們內心的驕傲和空虛卻在告訴他們自己：「我不能停下來，我必須趕上鄰居和朋友們。不能趕上別人就意味著無能。不管我怎麼想，我都不能停下來。我必須賺更多的錢，我必須顯示自己的財產。我還要做好表面功夫，否則別人就會懷疑我的實際能力，認爲我是失敗者。無論我自己感覺怎樣，我都必須堅持、堅持、再堅持。如果有必要，即使借助藥物，也不能讓自己停下來。」

但是，能否達到眞正的成功，首先要看一個人的雄心壯志。如果一個人的雄心壯志中包含的內容過於粗鄙，甚至包含了太多的本能特徵，那麼，無論這種「成功」目標在多大程度上實現了，其價值都是值得懷疑的。

許多年輕人在開始人生旅途時，只抱著一個惟一的目的：賺錢。這是多麼的可悲啊！賺錢竟然成了他們人生的首要目的，左右著他們觀察世界的方式。與錢相比，彷彿其他東西都不重要。他們不會思考如何眞正地生活、如何塑造個人的品格。他們在意的只是賺錢，賺錢是他們絕對的熱門話題和惟一標準。

我們的人生目的會影響我們的生活狀態和我們做事的才能，它體現在我們所做的每一件事情中。如果惟利是圖，我們的所有力氣都會用在賺錢這個目的上，那些更出色的能力、更敏銳的觸覺、更高尚的情感，都會被這個目的扭曲。我們只顧著向錢看，貪婪地盯著鈔票，隨之而來的，只會是友誼、愛情和朋友關係上的巨大裂痕。對一個人來說，當友誼和愛情都變得不重要時，他身上除了兇殘的魔鬼品質外，還有什麼呢？

這就是爲什麼一個有熱切期望、敏銳感覺的年輕人，後來竟然在職業生涯中受阻的原因。他那敏銳的感覺和出色的能力，由於長期不得利用就退化了。在對金錢狂熱的崇拜下，他變得更加貪婪和自私了。

這種變化是不易察覺的，以至於在他自己因自己的狡猾和陰謀而震驚時，已經太晚了。

一個人一旦受制於自私和貪婪的魔鬼，特別是經過比較長的時間，當這個魔鬼已經長成巨人後，這個人就很難脫胎換骨了，他已經變成了自己一度鄙視和憎惡的東西的奴隸。

人們經常會思索這樣的問題：什麼才是自己生命中最重要的東西，什麼才是自己所要追求的首要目標。如果一個人經年累月地爲了一個不恰當的目標而奮鬥，爲了一個不必要的野心而用盡所有的力氣，他實際上已經被魔鬼控制了，這樣的人是多麼的可憐啊！世界上最不幸的事情，莫過於一個人完全爲貪婪和冷漠所支配。在一種病態的野心的刺激下，他會瘋狂地追逐金錢，直到泯滅所有的良知，直到失去所有往昔單純的快樂。

許多人認爲，如果他們生活在一個衣食無憂的理想環境中，如果他們的生活沒有疾病和疼痛，那麼，他們將會生活得很幸福。但實際上，人們的幸福和快樂並不如自己想像的那樣依賴於周圍的環境。本來自己可以很快樂、很滿足，但錯誤的野心和妒忌心理，造成了自己的不快樂、不安寧和不滿足。自己往往非常在意別人擁有什麼，以致自己竟然不能從自己的工作和財富中，獲得足夠的快樂和滿足。

不必要的野心、非要超過其他人的願望，和不顧一切也要保全面子的想法，滋長了自私自利的心理。對金錢貪婪的野心，也成了幸福的殺手。人們從沒有聽說過，哪個貪婪的人獲得了快樂。滿足、關愛、安寧以及家庭的快樂，不可能與自私、貪婪的野心聯繫在一起。

人們有時並不知道，雄心的召喚會把自己帶到哪裡，但是，他清楚地知道，如果不被自私和貪婪所左右，如果能盡力地朝著目標不斷努力，自己會達到最完美的狀態。如果能把自己放在一個最自由和最適合的地方，永不枯竭的進取心將使自己達到最高的自我實現境界，使自己獲得最大的內心滿足。如果一個人的進取心和目標是建立在一個錯誤的基礎之上，如果受到了錯誤的指引，就不會獲得快樂、滿足和成功。

當一個人狂熱地追逐財富、地位和名譽，以至於他把全部心智和能力，都用來實現一個狹隘自私的錯誤理想時，他只能開發自己巨大潛力的一小部分，而且他的路會越走越窄。要知道，最完整的人生，才可能達到生命的最高境界。

不要帶著貪婪的目的開始人生的旅途，一個眞正的偉人絕不會貪得無厭地去獲得地位、金錢和權力，而放棄自己的尊嚴、品格和快樂。遠離貪婪，才能從內心擁有尊嚴、快樂與幸福，打造成功人生。

第二條 沉默

PART 02

避免無聊閒扯，言談必須對人有益

人的舌頭既軟又沒骨，但用它可敲斷人的脊樑骨。

教你的孩子緘默，他很快就學會說話。

不要聽朋友的壞話，也不要說敵人的壞話。

1. 謹言慎語，學會留有餘地

「逢人只說三分話」的確是聰明人的處世所爲，其隱含的眞諦是謹言慎語，它反映出一個人的心理素質和操行品德。謹言慎語，「謹」的是說話要經過認眞思考；「愼」的是說話要留有餘地。

看看那些老於世故的人吧，他們的確只說三分話，也有人認爲他們很狡猾，是不誠實的。其實，說話須看對方是什麼樣的人，對方如果不是可以盡言的人，你說三分眞話已經不少了。對方倘若不是與你交往很深的人，你也暢所欲言，對方的反應是怎樣的呢？你說的話是屬於你自己的事，對方願意聽你說麼？彼此關係淺薄，你與之深談，顯出你沒有修養；你說的話是屬於對方的，你不是他的諍友，又不配與他深談，忠言逆耳，顯出你的冒昧；你說的話是屬於國家的，對方的立場如何，你沒有明白，對方的主張如何，你也沒有明白，你偏高談闊論，輕言更易招來困擾！所以「逢人只說三分話」，不是不可說，而是不必說、不該說，這與「事無不可對人言」並沒有衝突。

事無不可對人言，是指你所做的事可以對人說，但並不是必須盡情向別人宣佈。老於世故的人是否事事可以對人言是另一問題，他的只說三分話是不必說、不該說的關係，不是不誠實，更不是狡猾。說話本來有三種限制，一是人，二是時，三是地。非其人不必說。非其時，雖得其人，也不必說。得其人，得其時，而非其地，仍是不必說。非其人，你說三分眞話，已是太多；得其人，而非其時，你說三分話，正給他一個暗示，看他的反應；得其人，得其時，而非其地，你說三分話，正可以引起他的注意，如有必要，不妨擇地作長談，這叫做「通達世故」的人。

說話不但只應說三分，還要留有餘地，就要愼重選擇一些限制性詞語。開口「當然」，閉口「絕對」，把「部分」說成「一切」，把「可能」說成「肯定」……，會把交談者嚇退。俗話說：「量體裁衣。」日常說話，要根據各種人的地位、身分、文化程度、語言習慣來作不同的處理，把握好分寸，留有餘地。讚揚不要過分，謙遜也應適當，掌握好三分話的火候。科學史上有過這樣一件事：

一個年輕人想到大發明家愛迪生的實驗室裏工作，愛迪生接見了他。這個年輕人爲表現自己的雄心壯志，說：「我一定會發明出一種萬能溶液，它可以溶解一切物品。」愛迪生便問他：「那麼，你想用什麼器皿來放這種萬能溶液呢？它不是可以溶解一切嗎？」

年輕人正是把話說絕了，陷入了自相矛盾的境地。如果把「一切」換爲「大部分」，愛迪生便不會反詰他了。

即使詞語用對了，修飾程度不同，說起話來分寸就不一樣。如「好」一詞，可以修飾爲「很好」、「非常好」、「最好」、「不好」、「很不好」等，這些比較級的使用要愼重。如果你沒聽天氣預報，即使聽了，明天還沒到，便不可以說：「明天一定會下雨。」一個人的文章寫得一般，客氣地說也只能是「還好」，怎麼能說「非常好」呢？

有一句廣告詞：沒有「最好」，只有「更好」。這裏它用了「沒有」、「最好」，又用了「更」，烘托出該產品精益求精的品質，展現了該企業不斷進取、勇於開拓的良好形象，不失爲一條「絕妙」的廣告詞，比如今的「極品」、「世界一流」眞實而有力度。

好的修飾詞使意思表達完整、恰到好處；過於誇張或過於縮小的修飾詞，則會與客觀實際相衝突，陷入兩難境地。屠格涅夫的小說《羅亭》中，皮卡索夫與羅亭有一段對話：

羅：妙極了！那麼照您這樣說，就沒有什麼信念之類的東西了？

皮：沒有，根本不存在。

羅：您就是這樣確信的嗎？

皮：對。

羅：那麼，您怎麼能說沒有信念這種東西呢？您自己首先就有一個。

皮卡索夫在此用一個「根本」，把話說絕了。因此，遇到不十分有把握的事，寧可多用「可能」、「也許」、「或者」、「大概」、「一般」等模糊意義的詞，使自己的判斷留有餘地。

「話多不如話少，話少不如話好」，話多的人不一定有智慧，且往往可能是剛好相反。所以，在人際溝通中，若能適時「製造別人講話的機會」，則必定更受歡迎。

語言學家拉克夫曾指出簡單的三原則，使人們的說話更「文雅」——

「不要咄咄逼人」；

「讓別人也有說話的機會」；

「讓人覺得友善」。

話多的人，常求發言而後快，不考慮聽者的感受，也不讓他人有講話的機會，所以容易「招怨」。其實，話講得最多者多半是講自己的私事，或東家長西家短，易滋生事端；甚至不少人因話講得太多，長了「聲帶結」，還到處求醫呢！

話多的人不一定智慧多，事實上往往可能相反，所以俗語說：「話多不如話少，話少不如話好。」在人際溝通中，要讓別人也有講話的機會。列寧說過：「只要再多走一步，彷彿是向同方向邁的一小步，眞理便會變成錯誤。」日常生活中，對於不同的語言環境和對象應靈活處理，掌握不同的分寸，才能充分發揮語言的交際功能。

說話應不要開口就像竹桶倒豆子，應謹言愼語，要給自己留下餘地，這是人生成功的黃金法則之一。須謹記「危莫危於多言」，「喪家亡身，言語言八分」。

2. 簡潔明瞭，說完就打住

與人說話應力求簡潔，避免無聊的閒扯和臃腫無用的廢話，要能夠直截了當、切中要害。這既是一種機敏，也是一種智慧。

「要力求簡潔，」英國著名的大企業家菲爾德說，「時間寶貴，準時、誠實、簡潔，應該是我們一生的座右銘。不要寫長信，誰都不會有時間看的。如果想說什麼，就簡單明瞭地說出來。無論多麼重要的事情，一頁紙都足以說清楚。」而他也確實做到了這一點，辦事簡潔明瞭。許多年前，就在他鋪設大西洋海底電纜的時候，有一次他突然需要給首相與女王發一封很重要的信函。而且他知道首相和女王都會讀到他的信，於是他用了幾頁紙把他想說的話寫完，然後就不停地修改，讓句子都盡可能地簡短。他一共改了二十遍，最後只用一頁紙就把問題都寫清楚了，信寄出不久他就收到了答覆，而且是個讓他很滿意的答覆。

這就是簡潔明瞭的好處，試想一下，如果他用五六頁紙寫一封信，寄給首相和女王看，事情還會這麼順利嗎？恐怕還沒有看到重點，這封信就會被擱置在一旁了。所以，簡潔是一份厚禮。

著名的大企家斯圖爾特先生，也是一個十分講求簡潔明瞭的人。他把時間看做自己資本的一部分。他自己的辦公室是誰也不允許進入的，客人只有把事情向門衛交代清楚了，才有可能在另一間辦公室裏見到斯圖爾特先生。如果那個訪客是想和他談些私事，門衛就會告訴他：「斯圖爾特先生現在不談私事。」

如果誰得到允許進入他的辦公室，那麼必須做到盡可能簡潔明瞭地把事情談完。在斯圖爾特的公司，一切都處理得迅速而井井有條，讓他的對手都不得不佩服。在那裏，看不到散漫隨意、無所事事的景象，也沒有人能夠隨意地聊天、開玩笑。斯圖爾特在工作的時候，是從來不和人進行朋友式的閒聊的，他不願意浪費一分一秒的時間。

法國著名牧師、作家費奈隆曾經說過：「演說的最高境界，是能夠做到簡潔而意義深遠，能夠精選出我們的思想，能夠使我們要說的內容安排妥當，同時應該做到不慌不忙、鎮定自若。」

英國詩人龐塞也曾說：「如果你希望自己的話語能夠有影響的話，就應當盡可能的簡潔。語言也像陽光一樣，越是濃縮集中，越容易把別的東西引燃。」

簡潔明瞭，既是一種禮貌，也是一種良好的修養。不要再把簡單的事情說得複雜化了。

有話的時候，就馬上簡潔明瞭地說出來，說完了，就打住。這是成功人生必備的素質。世界上沒有任何一個成功的人，是把時間花在喋喋不休的說話上。

3.沈默，並非不善於辭令

很多人的成功，在相當大的程度上歸功於他善於辭令。第一印象最重要，而口才好的人最能給別人留下深刻的第一印象。優雅的談吐可以使自己廣受歡迎，更有助於事業的成功。許多人能成爲議員或其他高級官員，就是因爲善於辭令。憑自己在其他方面的實力，他可能升不到高位、拿不到高薪，但是出色的口才卻讓他們得到了這一切。口才的作用可見一般。

與熟練掌握說話藝術的人交談，簡直就是一種享受。娓娓道來的聲音就像音樂一樣，鑽進我們的耳朵、打動我們的心靈；或讓人精神振奮，或給人安慰。

無論在什麼場合，如果你能夠表達清晰、用詞簡潔，再加上抑揚頓挫、娓娓道來的語調，就能夠吸引聽眾、打動別人。這是你的秘密武器，可以在不經意中助你事業成功。如果你善於辭令，再加上周到的禮節、優雅的舉止，在任何場合，你都會暢通無阻、受到歡迎。人們都喜歡與這樣的人交往。

在日常生活中，不管是偶爾才能派上用場的特殊技巧，還是隨時隨地都需要運用的能力，有哪一個的作用可以和語言能力相比呢？人們願意窮其一生去學習科學、文學和其他各種知識，卻完全忽視了語言能力的訓練和提高，這常常使他們顯得木訥呆板。在自己的專業領域有很高的造詣，在社交場合卻羞於開口、沈默不語，像一個無足輕重的人，還有比這更令人沮喪的嗎？看到那些才能不及自己十分之一的人，在公眾場合滔滔不絕，自己卻靜靜地坐在一旁，只有洗耳恭聽的份兒，心裏能平衡嗎？你們的區別在於，他平時注意培養自己的語言表達能力，你卻毫不在意。

如果你發現了一顆新的行星、寫了一本很有價值的書、發明了一套實用的機械裝置，說話時卻吞吞吐吐、辭不達意，甚至不能讓人聽清你在說什麼，這會讓你失去多少本該由你來把握的機會啊！一個十分奇怪卻很常見的現象是：有些人在特定的行業取得了極高的成就，在會議上卻不能勇敢地站起來，把自己的成果介紹給大家。他們駕馭不了局面，根本沒有能力主持一個會議，也沒有什麼清晰的思路，不能用充滿感情的話語打動每一位聽眾。

不管胸存什麼樣的雄心壯志，首先得掌握駕馭語言的能力，有讓人羨慕的好口才。你也許不能成爲律師、醫生或商界精英，但你每天都要說話，也就必然要運用語言的獨特力量。在培養這方面的能力時，一個重要的途徑就是：花費一些時間和精力研究修辭，留心相同意思的不同表達，使自己的用詞更豐富、談吐更優雅。還要盡力增加自己的辭彙量，隨時查閱工具書，注重平時的積累。這本身也是一個自我教育的過程，對自己的成長很有幫助。如果你辭彙量少得可憐、思想貧乏、閱歷有限，是無法做到口才出眾、談吐優雅的。

渴望建功立業的年輕人，應該掌握談話的技巧，提高駕馭語言的能力。在各種場合，做到談吐優雅、從容不迫、應付自如。能夠讓別人對自己感興趣，這本身就是一種很高的素質，值得每一個年輕人努力。要想做出一番成就，就要提高自我表達能力，這會使自己受益無窮，可以稱得上是一生的財富。

語言表達能力是一個人綜合能力的反映，從中可以看出他的知識、才能、閱歷和修養。不管他治學嚴謹還是做事馬虎，不管他思維敏捷、條理清楚，還是思想懶散、不求上進，都可以從他的語言中看出來。

從他說話的內容和方式中，你可以看出他讀了哪些書、掌握了哪些思想，你可以看出他的擇友之道，你可以看清他的思想軌道、生活習慣，也可以知道他的所作所爲和生活閱歷。可以說，談話中囊括了一個人的一切，不管你過著什麼樣的生活、掌握了多少知識、取得了多少業績，都可以從談話中得到反映。

談話本身也是一次深刻的自我教育。一個健談者會表現出各方面的素養，機智靈活、思維敏捷、判斷準確、精力集中等等，都會有所反映。健談者還必須心胸開闊、慷慨大度，如果心胸狹窄、心存偏見，這些不良品質就會和優秀品質一樣，在談話中暴露無遺。在交談時，他應該充滿愛心，不觸及對方的難言之隱，不隨意公開別人的缺點與不是，應該對聽者表現出強烈的興趣，而不是用語言傷害對方。善於辭令者應該表現出縝密的邏輯推理能力、絲絲入扣的分析能力，有著自己的獨到見解。

在國會參議員競選中，林肯與種族歧視者道格拉斯的辯論，充分體現了他的學識、他對《聖經》的理解和對法律的精通。他說：「我想，耶穌基督並不眞正渴望任何一個凡人能和天父一樣完美，但是他說：『由於你天上的父是完美的，但願你也完美。』他把這個樹立爲標準，誰盡最大努力達到這個標準，誰就達到了道德完美的最高境界。所以，我們要盡可能實現『人人生而平等』這個原則。即使不能給予每個人自由，至少不要做奴役人的事情。讓我們的政府回到憲法制定者們最初安放的軌道上來吧！讓我們把所有關於某個人或某個種族因爲劣等，所以必須受歧視的詭辯統統扔掉吧！讓我們扔掉這一切，在這塊土地上團結得像一個民族，直到我們再一次站起來宣佈：人人生而平等！」

林肯的談話原則：

1. **與人見面，儘量不要給別人留下不愉快的印象。**
2. **與人交談，語言要簡單親切，不要有任何優越感；要讓人感到他和你從小就認識。**

3.千萬不要忘記，幽默是一種重要的說服人的方法。

4.痛痛快快地笑，對身心健康有好處。

5.舉一些淺顯幽默的例子，比什麼都更有說服力。

6.用簡單的故事說明你的觀點，往往能避免別人冗長乏味的議論和自己費力的解釋。

7.一個貼切的故事，能夠減輕拒絕或批評造成的尖銳刺激，既達到談話的目的，又不傷感情。

8.私下交談比任何其他方式更能贏得下屬的忠誠。談話抓不住重點、拐彎抹角、不著邊際，容易讓人厭倦。

假如與一個說話不著邊際、洋洋萬言卻切不中要害的人談業務，你肯定會疲憊不堪，甚至會感到厭煩和惱火。他會廢話連篇、閃爍其辭，讓你不知所云。

有一種人，你永遠也不知道他想說什麼，他總是在問題的周圍繞來繞去，盡力避免問題的實質。他們的思想銜接不起來，讓人無法看清他的思路。倘若說話總是如此不著邊際，會讓人無法忍受。

企業內部舉行工作會議時，如果大家都悠閒自在，懶洋洋地坐在椅子上，想到哪裡說到哪裡，生意肯定會失敗。這種散漫的習氣和低效的工作作風，就是有唾手可得的機會，也不可能抓住。現代企業需要雷厲風行的作風，出手如閃電，或取或棄，快刀斬亂麻，不能拖拖拉拉。每一次商業談判，應該事先認眞準備、深思熟慮，屆時，乾淨俐落地直奔主題。

4. 裝聾作啞可以不戰而勝

沈默是金，它與冷靜的思索聯繫在一起，它是膽識和智慧的象徵，是沈著和鎮定的表現，更是在特殊環境中高人一籌的處世方法。沈默有時是最有力的攻擊武器，也是最有力的防守招術，它的最大特點是不戰而屈人之兵。

洛克的公司有一個女孩子，平日只是默默工作，並不多話，和人聊天，總是微微笑著。有一年，公司裏又來了一個好鬥的女孩子，很多同事在她主動發起的攻擊之下，不是辭職就是請調。

最後，她把矛頭指向了那個沈默的女孩子，立刻點燃火藥，劈裏啪啦一陣，誰知那位女孩只是默默笑著，一句話也沒說，只偶爾問一句：「啊？」最後，好鬥的女孩主動鳴金收兵，但也已氣得滿臉通紅。

過了半年，這位好鬥的女孩子自動請調。

人們一定會說，那個沈默的女孩子修養實在太好了。

其實不是這樣，而是那位女孩子聽力不大好，雖然理解別人的話不至於有困難，但總是要慢半拍，當她仔細聆聽別人的話語，並思索著話語的意思時，臉上會出現無辜、茫然的表情。

好鬥的女孩對她發作那麼久、那麼費力，她回答的卻是「啊？」的不解聲，難怪好鬥的女孩鬥不下去，只好鳴金收兵了。

這個故事說明了一個事實：面對「沈默」，所有的語言力量都消失了！而裝聾作啞可以不戰而勝！

的確，在紛繁複雜的人生叢林中，對對手付出越多的關注，也就等於讓他越強大。當自己試圖彌補小過錯時，往往會讓錯誤越來越嚴重而且明顯。有時候放手才是上上之策。

如果有東西是自己想要而無法得到的，自己可以表現出自己的不屑，甚至裝聾作啞，自己顯露出越少的興趣，就越顯得優越。

生活中的很多時候，往往是自己選擇讓事情來煩自己。我們大可不必去注意那些惱人的冒犯者，不要去考慮瑣碎而且不值得自己關心的事務。這就是強而有力的一步棋。

這樣，不予回應的事就無法拖住自己，免於陷入徒勞無益的糾葛中，還不會傷到自己的尊嚴。對付惱人的小角色，最好的教訓就是不理不睬、裝聾作啞。如果浪費時間和精力在這樣的糾葛中，那是你自己的錯。

學著亮出「輕蔑」這一招，對於最終無法傷害自己的事物，轉過身去、不理不睬。必須背向自己不希望的事物，表現出自己的不屑和唾棄，這是非常有力的回應，會讓自己的對手更不知所措。輕蔑是國王的特權，他的眼光轉向哪裡，他決定要看見什麼，這一切才成爲眞實。他所忽視、背向的彷彿就會死亡了。

在亮出「輕蔑」這張牌，週期性地向人們表示自己可以不需要他們時，自己也就擁有了這樣的魅力。如果選擇不予理會能夠增強自己的魅力，那麼同樣的道理，「委身」與「涉入」往往會削弱你的地位。

面對微不足道的對手——無論是商業上的還是生活中的，付出太多的關注，就會讓自己看起來微不足道。花越長時間去殲滅這樣一位敵人，就會讓對方看起來更加強大。聾啞之人是不會和人起爭鬥的，因爲他聽不到、說不出，別人也不會找這種人鬥，因爲鬥了也是白鬥。

有時，人們常常忍不住想要彌補自己的過失，但是越努力，往往過失更嚴重。有時候放任不管才是高明的手腕。

一九七一年，《紐約時報》公佈了五角大廈的文件，內容是有關美國涉足中南半島的歷史。季辛吉對於尼克森政府無能防衛這類傷害性極大的洩密事件，氣得直跺腳，因此提出建議，最後終於成立了一個叫「水管工人」的團體，任務就是塞住這些漏洞。

就是這個部門後來闖進民主黨位於水門大廈的辦公室，引發一連串事件，導致了尼克森下臺。

事實上，五角大廈文件的公佈，對於尼克森政府並非是嚴重威脅，但是季辛吉的反應讓整樁事情鬧大了。

爲了解決一個問題，他製造出另一項問題：對於安全的偏執妄想，結果對政府的破壞力更加嚴重。如果他不理會五角大廈洩密事件，造成的醜聞終究會煙消雲散。

與其不經心地將注意力集中在問題上，讓人們察覺你是多麼的關心、焦慮，因而讓問題顯得更嚴重，不如裝聾作啞，扮出不屑一顧的貴族姿態。不必屈就自己承認問題的存在，往往明智得多。以下有幾種方式來執行這套策略。

一是**酸葡萄手段**。如果想要得到某樣東西，但是又明白自己無法擁有，最糟糕的做法就是大聲抱怨，讓人們注意到自己的失望。事實上，最高明的謀略是表現得彷彿一開始就絲毫沒有興趣。

二是**不在意攻擊**。在受到別人的攻擊時，引開人們的注意，讓他們清楚地看見自己根本不把攻擊人放在心上，顧左右而言他，或是愉快的回話，表現出自己多麼不在意攻擊。

同樣，在自己犯下大錯時，最好的回應往往是輕鬆以待，讓錯誤變小。

切記：對於瑣碎、微不足道的騷擾和冒犯，強而有力的回應就是輕蔑和不屑、裝聾作啞，千萬不要表現出自己受了影響，或者受到了冒犯。裝聾作啞這盤菜最好是冷冷地端上來，不要刻意造作。

5. 聒噪不如沈默，息謗得於無言

人的一生，誰都難免要遇上難堪的誤解，遭到他人不公正的批評甚至辱罵，但要記住：不要因對方一時不公正的批評或難聽的辱罵，而變得像對方一樣失去理智。

有一個人受到一位同事的辱罵，心中非常憤慨。在回家的路上，他裝著滿肚子的火氣，想著如何回報這位辱罵者。他無意之間走進路邊的玩具店，看見兩個小學生指著一個存錢用的瓷人評頭論足。遺憾的是，他們對瓷人的誇張造型並不理解，可是瓷人坐在貨架上，對那些無知的指責無動於衷。這個人望著貨架上的瓷人，只覺得自己滑稽可笑。受點委屈，連一個存錢用的瓷人都不如，還算什麼男子漢大丈夫！這麼一想，滿肚子火氣一下子不知跑到哪兒去了。他對過去不屑一瞥的瓷人產生了好感，掏錢買了一個。

天津人有句老話：「生氣不如攢錢。」是的，一個人把寶貴的精力、寶貴的時間放在生閒氣上真不划算。

對於外界的打擊辱罵，也許人們還達不到所謂的「愛敵人」的修養程度，但至少也應該愛惜自己，不要讓他人來影響自己的情緒和健康。

英國偉大的戲劇家莎士比亞說：

「不要為了敵人而過度燃燒心中之火。不要燒焦自己的身體。」

康德也說：「生氣是拿別人的錯誤懲罰自己。」有關專家認爲，長期積怨，不但使自己面孔僵硬而多皺，還會引起過度緊張和心臟病。

人的一生，誰都難免要遇上難堪的誤解，遭到他人不公正的批評甚至辱罵。不論是卑鄙的、惡毒的、殘酷的，自己千萬不要因對方一句不公正的批評或難聽的辱罵，而變得像對方一樣失去理智。獲勝的惟一戰術，就是保持沈默，不和別人發生正面衝突，就連多餘的解釋也沒有必要。因爲在這種情況下，相互爭吵辱罵，既不會給任何一方帶來快樂，也不會給任何一方帶來勝利，只會帶來更大的煩惱、更大的怨恨、更大的傷害。退一步講，在對罵中沒有占上風的一方，當眾出醜，帶來的只是對自己魯莽行爲的悔恨。占了上風的一方，雖然把對方罵得體無完膚，又能怎麼樣？只能加深對立情緒，加深對方的怨恨，在旁觀者的眼裏，也不過是一隻好鬥的公雞罷了。

有人受了委屈，或受到他人的誤解，總想當時解釋清楚，通過解釋去化解矛盾，洗刷自己的清白。其實這時最好不要去解釋，最佳的辦法還是保持沈默。因爲這時的解釋只是杯水車薪，是不起任何作用的。比如，有人說他丟了錢包，你能解釋清楚不是你偷的。有人背後議論你是「白癡」、是「騙子」，你聽了能解釋清楚你不是「白癡」、不是「騙子」？諸如此類的解釋，越解釋越對自己不利。

富蘭克林說得好，「棍棒、石頭或許會擊傷我的肌骨，但語言無法傷害我。」

聒噪不如沈默，息謗得於無言。以靜制動、冷眼觀察、沈默勿語，坦然處之，誤解與誹謗自然就煙飛灰滅。

6.不和別人做無謂的爭辯

富蘭克林說：「我從來不和別人做無謂的爭辯。」

人世間許多不快樂的事，往往都起因於無謂的爭辯。那些熱烈的爭辯裏所用的惡毒、酷辣、刺痛的話，使人傷心破膽。殺人是一件可怕的事，可是比較因爭辯所致的慢性的、可怕的精神崩潰，殺人還是爽快乾淨多了。

爭辯和討論是不同的。討論是雙方在安靜與和諧之中，彼此說明意見，其力量可以使其中之一改變本來的信仰。這裏沒有面子的問題，沒有自以爲是的問題，沒有執拗不讓的問題，更沒有證明對方是低劣的問題；爭辯是在激烈的高熱度的感情之中發生的，彼此野蠻地要使對方屈服及感到低劣。討論的結果是，兩個人交換意見之後，可使雙方精神振作、達成共識；爭辯的結果是，失敗者沮喪抑鬱、不能甘心，因爲他是被一種不公平的大棒威嚇倒的。

人們爲什麼要爭辯呢？全是低劣心理的表現，因爲爭辯只有一個目的和理由，那就是勝利。在討論中所討論的是客觀的事實和眞理，而爭辯只是主觀的理想和勝利。但是，世上沒有一個人能夠眞正地得到從爭辯裏得來的勝利。

史密斯夫人不注意她的丈夫史密斯先生，因爲史密斯先生是一個暴漢，他要他的夫人作爲他的惟命是從的奴隸，因此兩人便發生了衝突。他們結婚已經十年，在這十年之中，每天至少要有兩次大爭辯，因爲兩人都相信最後的勝利必屬自己。史密斯先生的心裏已有誓言，他要打倒史密斯夫人；而史密斯夫人則要打倒史密斯先生，所以他們都要抓住每一個機會，以從爭辯中得到勝利、打倒對手，維持自己的尊嚴。但是爭辯十年的結果是，誰也得不到最後的勝利。

諳知此理的人，都會很明智地避免那些無謂的爭辯，因爲他們知道，無論怎樣的爭辯結果，都不會對他們有任何益處，只有低劣心理濃厚的人才要爭辯。一個人格思想健全的人，他承認一切意見都是相對的，因此他注意聽別人所說的話、別人的意見，若有不贊同之處，他安靜地、客觀地說明理由，若他的理由充足，使對方也信服的時候，他並不認爲對方是低劣的；若他的理由不充足，別人的意見是對的話，他也甘心認錯，並不感到屈辱，因爲他的目的，是在儘量明白事理的眞相。而在爭辯時，倘若一方被另一方征服的時候，他會感到不安，他會覺得侮辱了他的人格，所以爭辯起來，要野蠻地大動肝火。

爭辯對於各個人的精神上、身體上的損失還在其次，最大、最可怕的影響，是在社會的關係上。因爲爭辯發生的地方，合作是不可能的。而沒有了社會的合作，人類的進化必得停滯。歷史上許多戰爭的原因，也就是國際間爲了瑣屑的事件引起大規模的爭辯罷了。所以，國際和平不能實現，也就是因爲有些國家的低劣心理太敏感，容易受辱和受傷之故。

爭辯可以避免嗎？自然可以。凡爭辯的人，也無非想做上帝，想表示他的無所不知；那麼，人們只要用這個最簡單的避免方法——使他感到別人是和他同樣的意見——這就行了。不問他所提出的問題是如何的愚笨和可笑，待之以禮，告訴他我們贊成他的意見，佩服他的見識和聰明，這之後，趕快離開他；日後見了面，也遠避爲是。

戰勝爭辯惟一的方法，就是避免爭辯；避免爭辯的惟一方法，就是寧願退讓，讓來攻的人得到勝利，這是保全自己的心臟和消化正常的惟一辦法。

非但避免一般的爭辯是可能的，就是要避免完全含有挑戰性的爭辯，也是可能的。其辦法如下：

假定有一個人用挑戰的方式，對另一個人說明「牛會生蛋」；但是，另一個人明白牛是不會生蛋的，這明明是挑戰。如果另一個人對這問題非表明自己的意見不可，而同時又要避免無謂的爭辯，那另一個人可以這樣說：「在大多數的情形之中，牛會生蛋我不懷疑，可是據我的經驗，我似乎不曾見過會生蛋的牛呢。」

這樣，另一個人說在大多數的情形之中他是對的，也就安慰了他的虛榮，而同時，另一個人也巧妙地提出了自己的眞理。

在大多數情況下，眞理不需要挑戰的辯護。若有人向你說明一件你認為非眞理的事，你大可不必去教訓他，讓自然命運去證明他的錯誤就是了。正所謂，與其為爭路被狗咬，不如給狗讓路。充滿智慧的老富蘭克林常說：「如果你辯論、爭強或者反對，你有的時候可能獲得勝利；但是這種勝利是空洞的，因為你再也得不到對方的好感了。」

總之，在爭辯裏面，沒有勝利的人，也沒有最後定局的話，一切都是相對的，提高了熱情去爭辯太不值得，讓別人自作聰明，自己只管抱著冷靜的態度就是了。

7.鼓舌搖唇，言多必失

在現實生活中，總有那麼一些人，喜歡用漂亮的語言裝飾自己的門面，好用搖唇鼓舌的方式來顯示自己的博學。殊不知「言多必失」的道理，等待他們的結果，將是人們對他們的尊重和信任隨其空話而淹沒在口水裏。

所以，人說得越少，則說出蠢話或危險的話的機率就越小。

一八二五年，沙皇尼古拉一世登基，立即爆發了一場自由分子領導的叛亂，他們要求俄國實現現代化——俄國的工業和國內建設必須趕上歐洲的其他國家。

尼古拉一世殘忍地平定了這場叛亂，同時判處其中一名領袖李列耶夫死刑。

行刑的那一天，李列耶夫在劊子手一陣擺弄後，絞殺他的繩索斷裂了，他猛然摔落在地上。在當時，類似這樣的事件會被當成是天意或上帝恩寵的徵兆，犯人通常會得到赦免。李列耶夫站起身時，滿身的淤青，但在確信保住了腦袋後，他向著人群大喊：「你看，在俄國，他們不懂得如何正確做任何事，甚至連製造繩索也不會。」

一名信使立刻前往宮殿報告絞刑失敗的消息。雖然懊惱於這令人失望的變化，尼古拉一世還是提筆簽署了赦免令。

「不過，奇跡發生之後，李列耶夫有沒有說什麼?」沙皇詢問信使。「陛下，」信使回答：「他說，在俄國我們甚至不懂得如何製造繩索。」沙皇說：「讓我們來證明事實正好相反。」於是他撕毀了赦免令。第二天，李列耶夫再度被推上絞刑台。這一次繩索沒有斷裂。

禍從口出，只爲一時心裏痛快的一句話，斷送了一條命，如果李列耶夫泉下有知，他將明白他一生中最大的不幸，就是說了「俄國連製造繩索也不會」這樣一句話。

如果一個人想要用言語來懾服別人，說得越多，就越顯得平庸，而且越不能掌控大局。即使一個人是在說平凡無奇的事情，如果能說得模稜兩可、沒有定論，好像猜謎語一般，對方將會感到非常新鮮有趣。而說得越多，就越有可能說出愚蠢的話，俗話說「言多必失」，就是這個道理。

寇里奧拉努斯是古羅馬時代一名了不起的英雄，他贏得了許多重要戰役，屢次拯救羅馬城免於殺戮。

由於他大部分光陰都消耗在戰場上，羅馬人很少認識他本人，這使得他成爲謎一般的傳奇人物。

後來，寇里奧拉努斯打算角逐高層的執政官來拓展名望，進入政治界。

競逐這個職位的候選人必須在選舉初期發表公開演說，寇里奧拉努斯以自己十多年來爲羅馬征戰累積下來的成打的傷疤作爲開場白。雖然群眾中很少有人眞正去聽接下來的長篇演說，但是他那些傷疤證明了他的勇猛與愛國，令人們感動得淚如雨下，幾乎每個人都認定他是註定當選了。

在投票日來臨的前夕，寇里奧拉努斯由所有元老及城內貴族陪同進入會議廳。目睹這種排場的平民，對於他在選舉前如此大搖大擺的態度開始感到不安。

果然，當寇里奧拉努斯發言時，內容絕大部分是說給那些陪同他前來的富有的市民聽的。

他不但傲慢地宣稱註定勝選，又再度吹噓在戰場上的功績，更說了一些討好貴族的無聊笑話，或者無理憤怒地指控對手，同時預計自己會爲羅馬帶來財富。

這一次人們仔細傾聽了，原來這名傳奇英雄也只是個平庸的吹牛大王。寇里奧拉努斯第二次演說的訊息迅速傳遍羅馬，於是人們改變了投票意向。結果可想而知。

機智做事的許多方面都是相反遊戲，如果一個人說的比需要的少，必定會令人看起來更了不起、更有權勢。

因爲一個人的沈默會讓其他人不自在，而人是追求詮釋和解釋的機器，他們想要知道一個人在想什麼，如果一個人小心翼翼控制要吐露的訊息，他人就無法洞察他的意圖或是意思。

一個人的簡短回答和沈默，會迫使對方自我防衛，他們會緊張兮兮地以各種評論塡滿沈默，洩露出自身以及自身弱點的寶貴資訊。當他們會晤結束離去時，會感覺到好像遇上了搶劫，甚至回到家還會推敲這個人的每一句話，對於這個人簡短的意見特別關注，只會增加這個人的魅力。

在人生絕大部分的領域內，人說得越少，就越顯得深沉、神秘。「吉人之辭寡，躁人之辭多。」言多必失，修身之術還是控制自己少說爲佳。

8.絕對不可以嘮嘮叨叨

嘮叨是人們對某人或某事感到不滿意、不順心、不順眼，而用語言表達出來的一種情緒，是「心氣」發洩的一種方式。嘮叨是不可取的，尤其是太過盛的嘮叨。富蘭克林就曾戲謔地說：「在地獄中，魔鬼為了破壞愛情而發明的、一定會成功而且惡毒的辦法中，嘮叨是最厲害的了。它永遠不會失敗，就像眼鏡蛇咬人一樣，總是具有破壞性，總是會致人於死命。」

英國著名的政治家狄斯累利，在公職生涯中最難纏的對手，就是那位偉大的曾四度擔任首相的格萊斯頓。

這兩位仁兄，對於在帝國之下每一件可以爭辯的事物都相互衝突，但他們卻有一個相同的地方，那就是他們的私生活都充滿幸福和快樂。在公開場合中，格萊斯頓是一位可敬畏的政治家，但在家中，則永遠不嘮叨。當他要到樓下吃早飯，而全家的人還在睡覺時，他就以和婉的方式來表達他的不滿。

他往往提高了聲音，唱著不知其名的聖歌，聲音充滿整個屋子，以告訴家裏的人：「全英國最忙的人，已經獨自一個人在樓下等著吃早飯了。」

他隨時都保持著政治家的風度，體諒別人的心意，並強烈地控制自己，不對家事嘮叨。

俄國女皇加德琳二世，曾統治過古今中外最大的帝國，對千百萬臣民操有生殺大權。但是如果她的廚子把肉給燒焦了，她卻什麼話也不說，反而笑著將它吃掉。這種容忍的功夫，一般讓做丈夫的都感到汗顏。

美國權威人士桃樂絲．狄克斯宣稱說，百分之五十以上的婚姻之所以是不幸福的，許多羅曼蒂克夢想之所以破滅在雷諾（美國離婚城）的岩石上，其原因之一是嘮叨——毫無用處，卻令人煩躁的嘮叨。

托爾斯泰的夫人也發現了嘮叨的危害——可是太晚了，在她逝世之前，她向幾個女兒承認道：「是我害死了你們的父親。」當托爾斯泰八十二歲時，他再也不能忍受家裏那種悲慘不快樂的情形了。於是在一九一〇年十月一個下著大雪的夜裏，逃離了他的夫人——逃到寒冷的黑暗裏，不曉得到哪裡去才好。十一天以後，他因肺炎死在一處火車站裏。

他臨死的要求是：不許她來到他的身邊。

這就是托爾斯泰的夫人嘮叨、抱怨和歇斯底里所得到的結果。

人們或許會覺得，有許多事情要嘮叨的，而且是應該的。問題是嘮叨得到些什麼？嘮叨是不是把一件不好的事弄得更糟呢？

林肯一生的大悲劇，不是他的被殺。而是林肯夫人的嘮叨不斷地騷擾著他，使他不得安靜，以至於林肯寧願住在條件惡劣的鄉下旅館裏，也不要回到家裏聽他太太的嘮叨。

貝絲·韓柏格在紐約市家務關係法庭任職，曾經審判了好幾千件遺棄的案子，她說，男人離開家庭的主要原因之一，是因為太太嘮叨不停。《泰士頓郵報》中說：「許多太太們不停地在慢慢自掘婚姻的墳墓。」

因此，如果要維持家庭生活的幸福快樂，絕對不可以嘮叨。嘮叨將使多彩的人生與生活黯然失色。

9.不要在背後論人長短

背後論人長短、道人閑言，往往是引發矛盾、招惹爭執的開端，不僅破壞人際關係，更加降低自身人格。雖然工作之餘，同事們圍坐在一起，泡上杯茶，山南海北地聊一聊、笑一笑，既是一種消遣，又能增知識、長見聞，本無可厚非。但是如果掌握得不好，說不定幾句閒聊也會惹出一番是非來。所以，喜愛閒聊的朋友要謹遵一條老祖宗留下的古訓：閒談莫論人非。

有一次義務勞動，在休息時，大家坐在樹蔭下喝水，自然也少不了閒談。此時，一位有名的「消息靈通人士」神秘地向人們講：某某人與妻子感情不和，近來常吵架，可能要離婚。他講得繪聲繪色，有鼻子有眼。誰知沒過兩天，這對小夫妻便找上門來詰問，要求闢謠，當眾恢復名譽。昨天還以見多識廣炫耀於人的那位，這時舌頭就像短了半截，一句話也說不出來。

這類事，在人們周圍時有出現。有些人閒談不看對象、不分場合，不擇內容，專愛議論、傳播別人的私事，特別是揀人家不願公開的「隱私」大肆聒噪，而且越扯越離奇，以此當成一大樂事。他們拿這些事當資料，東家長、西家短，捕風捉影，蜚短流長，一有機會便嘮叨個沒完。細分析，人家那些不願向外透露的私事，始末緣由及構成諸因素很複雜，不可能三言兩語能說清楚，怎能隨便就下結論，並給人家傳播？窺探這種人的心理，即使不能說是思想意識差勁，至少也屬於情趣不高的一種表現吧！

閒談，也是衡量一個人心靈美醜、道德修養好壞的視窗。一個人，過多地關心那些不必要去關心的別人的私事，必然浪費寶貴的時間和精力，而不能專注於自己的工作。一個人的私事被別人不正常地猜度和議論，必然造成無謂的痛苦、注意力的分散，繼之而來的，便是人與人之間的矛盾、猜疑、爭鬥，這於工作、於個人、於團結有百害而無一利。其結果，輕者將會與朋友、同事鬧翻，重者可能因處理不當而鬧出人命。

當然，他人的「非」有多種，以權謀私、嫉賢妒能、經濟犯罪等當然不在「莫論」之列。不過，即使這些也不能以自由主義態度對待，充作「閒談」的資料傳一通了事，而應當向組織上反映。眞正屬於個人私事範圍的「隱私」之類，與他人無關，又不違反公德，那就最好尊重人家的隱私權，保持沈默、別去議論爲好。

10.不要做一個沉溺於閒談的人

古代羅馬有所謂的「兩面神」者，這兩面神一面是看到過去，另一面是看到將來。我們考察人類某種特性的時候，其中也有像兩面神那樣的品質。這個兩面品質的最好例子，便是閒談。

「閒談」一詞是從英文古文Gosid轉變而來的，其本來意義是「教父」或「教母」。原來古代英國人的風俗，當新生小孩舉行命名禮的時候，教父或教母來替小孩大開宴會，所有的親戚們也都來賀喜，席間大家討論著小孩將來的命運，以及各人自己的計畫等等，而閒談的字義就從這裏定下來了。在當時，閒談是自然算不得一種壞事的，但到後來據說魔王常會找工作給舌頭做，所以一直到現在，有些閒談就失掉了當時的意義，而變爲含有惡意的搬嘴弄舌了。

說話是人類團結的最重要的工具。人要應付可怕的環境，必得彼此傳達各人的痛苦和畏懼，藉以獲得同類的同情和幫助；其次，人是會感到孤獨生活的寂寞的，他們需要和朋友談談，交換意見，所以閒談在好的方面講，它是組成人類社會，交換人類意見的很有價值的一回事。朋友之間彼此談到天氣、事務、運動、遊戲以及政治等等，雖然在這種談話中，人們並未得到多大的教訓和知識，但因爲人是需要愉快地度過光陰的，所以必須承認，閒談有一定的好處，是值得培養的。

但是，閒談到現在，已成爲一種普遍的惡癖了。每一個男人、女人和小孩，都有一種好勝的虛榮心理，要達到這個目的只有兩條路，一條是正路，一條是邪路。正路是積極地訓練自己，努力學會一種專業或技藝，替社會服務，在努力服務的時候，身心能得到正當的愉快。至於想從邪路上去得到優勝的愉快的人，他至多只能得到外表，而求得外表優勝最簡便的方式，便是消極地用比較的方法希望別人不及自己，於是搬嘴弄舌——閒談——便是一條最方便的路了。

積極地訓練自己成爲一個眞正優勝的人，那就是最忙碌的，無暇去與人家閒談和聽人家的閒談的。只有那些沒出息又有好勝的虛榮心的人，才不得不用嘲笑、冷語或閒談，使得自己似乎是比別人優勝。閒談者和喜聽閒談者都有著共同的低劣的心理。

在十七世紀的英國，有一天，史密斯夫人匆匆跑到鐘斯夫人家裏，跑得氣也透不過來，爲的是必須要告訴鐘斯夫人一件很重要的事。她氣急喘喘地說道：「並不是我來搬嘴弄舌，可是……」於是她透了一口長氣，津津有味地談到正事了。原來她剛剛知道，某家的某夫人是個私生女！她急急地跑來告訴鐘斯夫人的重要消息就是這個。說完之後，她和鐘斯夫人一同跳了起來，撮唇噓氣，彼此抱腰，得意忘形，享受著優勝的快樂。鐘斯夫人接著說道：「這不是聞所未聞的有趣新聞嗎？可是她還那麼厚著臉來請我的瑪麗去參加她兒子的宴會呢！」

惡意閒談的特性之一是：不問事實，不去調查，不加釋疑。史密斯夫人和鐘斯夫人都是一出了她們的廚房，便很少有所貢獻於社會的人。她們都是怯弱的、妒忌的、不誠實的。她們不問事實的正確與否，就此捕風捉影、搬嘴弄舌，破壞別人的名譽，以求得自己比可憐的某夫人優勝的快樂。這種卑怯的行爲，實在是再可憐沒有了。

史密斯夫人把某夫人不名譽的事告訴了鐘斯夫人之後，這兩位夫人絕不會不把這好消息傳到羅森柏納夫人和鄂康尼夫人那裏去的。壞消息比好消息容易傳佈，於是在三小時之內，某夫人已經變爲一個被社會所唾棄的人了。有人還格外證明她的祖宗原來是新英格蘭的漁夫。於是某夫人的心碎了，因爲她所有的朋友全都冷淡她了。可是後來鐘斯夫人雖發覺私生的並不是某夫人，而是另一夫人，然而對於某夫人的損害已是覆水難收，她和她的丈夫以及她的子女，事實上早已爲社會所唾棄了。

倘有一個人興沖沖地跑到你家裏來，津津有味地告訴你一個稀奇的無根據的消息，你可以讓他不必說下去。若鐘斯夫人來報告：甲夫人和那站崗的員警發生了戀愛，你可以對她說道：「那眞怪啊！剛才我聽人家說，你和那員警有關係，可是我不肯相信，也不肯把這消息告訴任何人呢！」這也許對付得太激烈一點，可是實在很有效果。

下面是幾條關於閒談可守的規則：

• 不要閒談，閒談徒然顯露自己的低劣心理。
• 既不願看見被人捏造而到處傳播關於自己的新聞，那麼，別人的事自己也不要談起吧。
• 不要注意去聽人家的閒談，這會使自己和閒談的人有同樣罪過。
• 若有人找到自己閒談，就制止他，使其閒談不成。
• 不可以評判者自居。即使自己偶然知道了某人的錯誤或惡行，也不必聲張開去，讓自然和法律來裁判，只管自己的事，改正自己的錯誤為第一要事。
• 對於他人倘不能說好話，就不說什麼；絕不要隨便批評人家、評判人家和嘲笑人家。若自己有閒談的天性不得不閒談，那麼最好去做一個作家、小說家、戲劇家，把要談的話告訴全世界，這樣，你便可從閒談的惡面轉到它的善面來。

•最高尚的人，都是忙著從事於人類社會的改良工作的人，所以他們絕沒有閒談的工夫，也沒有時間去注意聽閒話。

總之，一個沉溺於閒談的人，只能湮滅自己的才華與修養，淪爲一個碌碌無爲的俗人。

第三條 秩序

PART 03

生活物品要放置有序，工作時間合理安排

你不可能生來就能把事物弄得井然有序，
條理分明，但是，
你可能多少明白雜亂無章可能帶來的種種缺失、弊端，
更不用說因此而導致的挫折與焦慮了。
日常生活是小事、瑣事的連續結果。
如果一個人沒有這種才能，
把日常生活中一件件微不足道的小事、
瑣事處理得乾淨、俐落，那也就不可能成就偉大事業。

1. 秩序：天國的第一條法規

人們有時會處於這樣的狀況：似乎百務纏身，有無數的問題等著自己去解決。在這種情況下，人們最經常的反應是兩個極端：暴躁或者自棄。然而，不論在哪種心境下，這些亂七八糟的事情似乎會變得越來越難以理清和解決。這時候，通常人們會陷入一種無緒的狀態，不但抓不住重點和要解決的問題，而且還在無形之中給自己增加了壓力，更加劇了內心的紛繁複雜。

實際上，大多數時候，事情並沒有糟到極點，人們所承受的許多壓力，都是人們自己施加在自己身上的。自己選擇將一些事情都放進一個大筐裏，然後背負起它們，於是我們越走越累，因爲筐中的東西太沉重了！

當然，有的時候，人們所面對的情況的確很麻煩，很多問題找不到頭緒。這時候先不能急著發愁，不要讓外界的無緒影響到自己的心境和清醒的頭腦，不然就會忙上加忙、亂裏添亂了。

當處於一團雜亂無緒的狀態中時，自己首先想到的便是秩序。著名美國詩人波浦曾寫過這樣一句話：「秩序，是天國的第一條法規。」

美國賓西法尼亞州州立大學醫學院的教授斯托克博士，曾在美國醫藥學會全國大會上宣讀過一篇論文——《生理疾病所引起的心理併發症》。在這篇論文裏，斯托克博士在一項「病人心理狀況研究」的題目下，列出的其中一項就是：

「一種必要或是不得不做的感覺，好像必須要做完的事情，永遠也做不完。」

當人們面對這種混亂的情況時，保持冷靜並仔細分析是最重要的。人們要把事情的輕重緩急列出個進度表，按事情的重要程度來做事，這樣人們就可以每時每刻集中精力處理最重要的事情。

當然，人們有時候不可能總是按事情的重要程度，來決定做事的先後次序。可是按計劃做事，絕對要比隨心所欲去做事要好得多。

如果世界著名的大作家蕭伯納在沒有成名時，不堅持該先做的事情就先做的這個原則的話，他也許就不可能成爲一個作家，一輩子只會是一個銀行出納員。他擬定計劃，每天一定要寫一頁紙，這個計畫使他每天一頁地持續寫了九年，雖然在這九年裏，他一共只得了三十幾元美金。就連漂流在荒島上的魯賓遜，也訂出每天每一個鐘點應該做什麼事的計畫。

富蘭克林認為：有秩序地生活，會使人們擺脫煩躁雜亂的感覺，跳出無序的生活，使人們看到自己的宏圖，比較順暢地達到自己的目標。

2.成功不會青睞做事沒有次序、沒有條理的人

富蘭克林指出：每個人的精力都是有限的，為了有效使用我們的精力，我們在做任何事情時，都應做到有條理、有秩序。

工作沒有次序、缺乏條理的人，總易因辦事方法的失當而蒙受極大的損失。對於一個商人來講，他們不知怎樣去有效地佈置業務；對於雇員的工作，他們不知道好好地安排；做起事來，有的地方不及，但有的地方卻過之；倉庫裏有許多過時、不合需要的存貨，也不及時把貨物整理一下，結果什麼東西都紛亂不堪。這樣的商行必致失敗。一個在商界頗有名氣的經紀人，把「做事沒有條理」列爲許多公司失敗的一大重要因素。

工作沒有條理，同時又想做成大規模事業的人，總會感到手下的人手不夠。他們認爲，只要人雇傭得多，事情就可以辦好了。其實，他們所缺少的不是更多的人，而是使工作更有條理、更有效率。由於他們辦事不得當、工作沒有計劃、缺乏條理，因而浪費了大量職員的精力和體力，但還無所成就。

沒有條理、做事沒有次序的人，無論做哪一種事業，都沒有功效可言。有條理、有次序的人即使才能平庸，他的事業也往往有相當的成就。

傑克遜是一家公司的經理，不管你在什麼時候遇見他，他都很匆忙。如果要同他談話，他只能拿出數秒鐘的時間，時間長一點，他便要拿出錶來看了再看，暗示著他的時間很緊。他公司的業務做得雖然很大，但是花費更大。究其原因，主要是他在工作上毫無次序、七顚八倒。他做起事來，也常爲雜亂的東西所阻礙。

結果，他的事務是一團糟，他的辦公桌簡直就是一個垃圾堆。他經常很忙碌，從來沒有時間整理自己的東西，即便有時間，他也不知道怎樣整理、安放。

自己工作沒有條理，更不知如何恰到好處地進行人員管理，他只知一味督促職工，但他只是催促職工做得快些，卻談不上有條理。因此，公司職員們的工作也都混亂不堪、毫無次序。職員們做起事來也很隨意，有人在旁催促，便好像很認眞地做，沒有人在旁催促便敷衍了事。

另外一個與他同業的競爭者史蒂芬，恰恰與他相反。

史蒂芬從來不顯出忙碌的樣子，做事非常鎭靜，待人也平靜祥和。他人不論有什麼難事和他商談，他總是彬彬有禮。在他的公司裏，所有職員都寂靜無聲地埋頭苦幹，各樣東西安放得也有條不紊，各種事務也安排得恰到好處。

他每晚都要整理自己的辦公桌，對於重要的信件立即就回覆，並且把信件整理得井井有條。所以，儘管他公司的規模要大過前述商人的百倍，但別人從外表上總看不出他的慌亂。他做起事來樣樣辦理得清清楚楚，他那富有條理、講求次序的作風，影響到他的全公司。於是，他的每一個職員做起事來也都極有次序、有條不紊。

因爲工作有次序，處理事務有條理，所以，他在辦公室裏絕不會浪費時間，不會擾亂自己的神志，辦事效率也極高。從這個角度來看，做事有方法、有次序的人，時間也一定很充足，他的事業也必能依照預定的計畫去進行。

今日之世界是思想家、策劃家的世界。富蘭克林告誡青年：惟有那些辦事有次序、有條理，不浪費精力的人，才會成功。而那種頭腦昏亂、做事沒有次序、沒有條理的人，是絕沒有成功的機會的。

3.井然有序可以使你掌握自我

富蘭克林非常強調做事要井然有序、有條不紊，不要成爲一個雜亂無章的人。他說：「你不可能生來就能把事物弄得井然有序、條理分明；但是，你可能多少明白雜亂無章可能帶來的種種缺失、弊端，更不用說因此而導致的挫折與焦慮了。」井然有序可以提高自己的工作效率，使自己不但更能掌握自己的生活，也會有更多的閒暇時間。

雖然目前還沒有找出放諸四海皆準、能夠協助人們條理分明的整理系統，不過，下面的一些方法，還是可以幫助人們更好地處理生活和事務，做得井然有序。

1.列表

列表是最有效的整理方法。把要做的事用表列出來，可以依重要程度排出先後順序，設定所需時間與完成期限，而且可依順序完成進度。

2.目標

目標能讓人掌握正確的方向，不會迷失方向。不過，不要讓設定的目標成爲控制自己的暴君。要接受一項事實，每件工作不可能都能如期完成。一天做不完的，不妨挪到明天，成為優先處理事項即可。

3.計畫

不要企圖什麼事都一把抓，這樣的結果可能到頭來什麼都沒做好。所以，可以先從小處著手、循序漸進，並且儘快著手，然後，保持應變能力，隨時調整優先順序。

4.行事曆

行事曆可以提醒自己的重要約會及各項工作之完成期限。建議自己使用一本即可。並用筆隨時記錄工作的先後順序，一定得每天查看，好提醒自己。

5.獎勵

就算只是完成小事一樁，也不要忘了好好享受它所帶來的成就感。

6.從書架開始整理

把生活安排得井然有序是一回事，工作安排得井井有條則又是另一回事了。要整理自己的工作環境，如桌子、書架、檔案櫃，別讓檔案資料堆得滿桌都是。不妨依以下的程式進行整理：

先丟掉重複多餘的文件、過期的記錄、束之高閣的書、一直抽不出時間看的期刊，還有在最近一段時間內一直沒有用到的資料。然後重新整理、分門別類。例如，可以依據工作性質將書架分爲：專業書、參考手冊、報告等。但是不論採用何種方法分類，記得按一般檢索，依序排列資料。

丟掉無用的檔案，或將其移至工作範圍之外。把常用檔案中過期、重複或不適用的資料銷毀。並以涵蓋範圍最廣的分類方法，重新歸納自己的檔案，然後依使用類率排列檔案順序。比方說，將最常用的檔案放在最近的抽屜或較少用的檔案之前。每一類別依序標籤，甚至可用不同顏色的檔案夾或標籤來整理。

最後，整理桌子，丟掉或重新利用資源——從一直沒有時間修理的破設備，到留著以防萬一卻已經乾掉的墨水瓶等。鉛筆、鋼珠筆是不可或缺的辦公用品，可是也沒有必要每種都保留一打庫存。還有釘書機，可以先放在抽屜裏，要用的時候再拿出來。讓你的桌上只留下常用的物品及正在研究的材料就可以了。

要戒除把不用的東西堆積在桌上的習慣，盡可能丟掉可以丟掉的東西，並快速決定堆放在桌上的東西的去留。動作儘量迅速，不用的檔案儘快抽換，好篩選你下一刻要處理的事物。別在小紙片上記東西，最好是記錄在本子上。每日終了時，把桌面清理乾淨，只留下隔日要處理的東西。

7.保持井然有序

不論是自己的桌子或是自己的人生，井然有序總比雜亂無章好。不必擔心自己會因此失去應變能力，而變得神經兮兮或像個機器人。

富蘭克林認爲：在人生的旅途中拼搏，井然有序可以使自己心靈平靜，讓自己更願意，而且更有時間和他人交往，以建立良好的人際關係。總之，它使自己能掌握自我，進而才有餘力追求人生的理想。

4. 做事分清輕重緩急和主次

假如在你面前擺有一件緊急但不重要的事情，和另一件重要但不緊急的事情，你首先去辦哪一個？面對這個問題，你或許會很為難。

在現實生活中，許多人都是這樣，這正如法國哲學家布萊斯·巴斯卡所說：「把什麼放在第一位，是人們最難懂得的。」對許多人來說，這句話不幸被言中，他們完全不知道怎樣把人生的任務和責任按重要性排列。他們以為工作本身就是成績，但其實不然。

不妨舉一個例子，人們在學校學習的過程中，最缺的是什麼？可能有許多人都有同感，最缺的就是錢。在這個時期，人們可以認為，對於自己一生而言，學習是重要的，但卻不是最緊急的，而錢對自己是緊急的（我會舉出許多理由，如自己已經長大了，不想要父母的錢等等），但卻不是最重要的。在這個十字路口，自己選擇什麼？

對這個問題，不同的人有不同的選擇。有的早早就選擇棄學從商，有的依然選擇在校學習，而更可悲的人還有，無論他是棄學經商還是在校學習，他都不知道他在做什麼。

這個例子看來眞是再明顯不過了，許多人在處理自己日常生活的各方面時，的確分不清哪個更重要、哪個更緊急。這些人以爲每個任務都是一樣的，只要時間被忙忙碌碌地打發掉，他們就從心眼裏高興。他們只願意去做能使他們高興的事情，而不管這個事情有多麼不重要或多麼不緊急。

每一個要想成功的人士，都應該明白輕重緩急的道理，他們應該在處理一年或一個月、一天的事情之前，總是按分清主次的辦法來安排自己的時間。

一、精心確定主次

在確定每一年或每一天該做什麼之前，必須對自己應該如何利用時間有更全面的看法。要做到這一點，要問自己四個問題：

1.我從哪裡來，要到哪裡去？每一個人來到這個世界上，都是上帝的安排。每個人都肩負著一個沉重的責任，按上帝指定的目標前進。可能再過二十年，每個人都有可能成爲公司的主管、大企業家、大科學家。所以，人們要解決的第一個問題就是，要明白自己將來要幹什麼？只有這樣，人們才能持之以恆地朝這個目標不斷努力，把一切和自己無關的事情統統拋棄。

2.我需要做什麼？要分清緩急，還應弄清自己需要做什麼。總會有些任務是非做不可

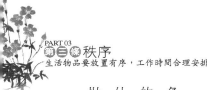

的。重要的是，必須分清某個任務是否一定要做，或是否一定要由自己去做。這兩種情況是不同的。非做不可，但並非一定要你親自做的事情，你可以委派別人去做，自己只負責監督其完成。

3.什麼能給我最高回報？人們應該把時間和精力集中在能給自己最高回報的事情上，即他們會比別人幹得出色的事情上。在這方面，要用帕列托（80／20）定律來引導自己：人們應該用80％的時間做能帶來最高回報的事情，而用20％的時間做其他事情，這樣使用時間是最具有戰略眼光的。

4.什麼能給我最大的滿足感？有些人認爲能帶來最高回報的事情，就一定能給自己最大的滿足感。但並非任何一種情況都是這樣。無論自己地位如何，總需要把部分時間用於做能帶給自己滿足感和快樂的事情上。這樣才會始終保持生活熱情，因爲自己的生活是有趣的。

二、把重要事情擺在第一位

美國商業及電腦鉅子羅斯．佩羅說：「凡是優秀的、值得稱道的東西，每時每刻都處在刀刃上，要不斷努力，才能保持刀刃的鋒利。」羅斯認識到，人們確定了事情的重要性之後，不等於事情會自動辦得好。自己或許要花大力氣，才能把這些重要的事情做好。而始終要把它們擺在第一位，肯定要費很大的勁。下面是幫助人們做到這一點的三步計畫：

1.估價。首先，要用上面所提到的「目標、需要、回報和滿足感」四原則，對自己將要做的事情作一個估價。

2.去除。第二步是去除不必要做的事，把要做但不一定要自己做的事委託別人去做。

3.估計。記下為達到目標必須做的事，包括完成任務需要多長時間，誰可以幫助自己完成任務等資料。

三、根據輕重緩急開始行動

在確定了應該做哪幾件事之後，必須按它們的輕重緩急開始行動。大部分人是根據事情的緊迫感，而不是事情的優先程度來安排先後順序的。這些人的做法是被動的而不是主動的。懂得生活的人不能這樣，而是按優先程度開展工作。以下是兩個建議：

1.每天開始都有一張優先表。

伯利恒鋼鐵公司總裁查理斯．舒瓦普，曾會見效率專家艾維．利。會見時，艾維．利說自己能幫助舒瓦普把他的鋼鐵公司管理得更好。舒瓦普承認他自己懂得如何管理，但事實上公司不盡如人意。可是他說自己需要的不是更多知識，而是更多行動。他說：「應該做什麼，我們自己是清楚的。如果你能告訴我們如何更好地執行計畫，我聽你的，在合理範圍之內價錢由你定。」

艾維．利說可以在十分鐘內給舒瓦普一樣東西，這東西能使他的公司的業績提高至少50%。然後他遞給舒瓦普一張空白紙，說：「在這張紙上寫下你明天要做的六件最重要的事。」過了一會兒又說：「現在用數字標明每件事情對於你和你的公司的重要性次序。」這花了大約五分鐘。艾維．利接著說：「現在把這張紙放進口袋。明天早上第一件事是把紙條拿出來，做第一項。不要看其他的，只看第一項。著手辦第一件事，直至完成為止。然後用同樣方法對待第二項、第三項……直到你下班爲止。如果你只做完第一件事，那不要緊。你總是做著最重要的事情。」

艾維．利又說：「每一天都要這樣做。你對這種方法的價值深信不疑之後，叫你公司的人也這樣作。這個試驗你愛做多久就做多久，然後給我寄支票來，你認爲值多少就給我多少。」

整個會見歷時不到半個鐘頭。幾個星期之後，舒瓦普給艾維．利寄去一張兩萬五千元的支票，還有一封信。信上說，從錢的觀點來看，那是他一生中最有價值的一課。

後來有人說，五年之後，這個當年不爲人知的小鋼鐵廠，一躍而成爲世界上最大的獨立鋼鐵廠，其中，艾維．利提出的方法功不可沒。這個方法後來還爲查理斯．舒瓦普賺得一億美元。

2.把事情按先後順序寫下來，定個進度表。把一天的時間安排好，這對於自己的成功是很關鍵的。這樣就可以每時每刻集中精力處理要做的事。但把一周、一個月、一年的時間安排好，也是同樣重要的。這樣做給自己一個整體方向，使自己看到自己的宏圖，從而有助於自己達到目的。

按照以上方法和步驟去做，學會分清輕重緩急，能夠合理安排好主次，將會給自己帶來生活上和事業上的喜悅，這不僅需要實際的身體力行，更需要開動思想的機器，使之成爲一種習慣，甚至一種德行堅持下去。

5.要事第一，集中精力做最重要的事

訂定工作優先次序有兩個途徑：根據緊急性或根據重要性。

要把主要精力放在可以獲得最大回報的事情上，而別將時間花費在對成功無益或很少益處的事情上。

生活是複雜的，每個人都有喜怒哀樂，都有親朋好友，都忍受著無窮的瑣事干擾。完全迴避這些是不現實的，但是，對於一個想作一番事業的人來說，必須分清事情的主次，哪些是需要做的，哪些是不需要做的，哪些事關照一下就行，哪些事乾脆應該放棄……，從而爲自己去做最重要的事留下充足的時間和最多的精力。否則，你就是一個不能駕馭時間的人，並會因此而使自己的夢想成爲泡影。

建議每一位有心人，都能制訂一份自己在一段時間裏的詳盡工作計畫，並在每天結束前，精確地安排明天的工作。同時還要制訂一份科學的休息時間表，從而保證自己的一生，始終都在精力充沛地從事最有意義的工作。

大多數的人是根據緊急性，所以他們會花很多時間去「救火」而不去執行一項計畫，直到期限臨頭才手忙腳亂。

如果你是根據緊急性來定優先次序，可能會分爲三類：

1. 必須今天做好。

2. 應該在今天做好。

3. 應該在某個時間做好，但是還不急。

假定你準備兩個月內完成一項工作。明顯的，你不會把這件工作列爲第一類，因爲還有兩個月的期限。你可能會列入第二類，但也可能不會，因爲還不太急迫。大多數的人會把它列在第三類，直到期限迫近時，你會發現很難找到專家來幫忙，而不能把這件工作做到你想要的詳盡程度。你在心裏責備自己，並且說下次一定要早點完成。但你還是不會，因爲到時候你會以同樣的理由，把工作拖延到期限的最後幾天。

一般來說，我們可以根據重要性來定優先次序，而以緊急性作爲次要但也是重要的考慮因素。這需要拿出你的待辦工作表，首先，從「這件工作是不是清楚地有助於達到我一生的目標或短期目標」這個問題，來檢視某一項工作。如果是，就在前面打一個記號，然後按照你要去做的先後次序標上數字，標先後次序的時候要考慮兩個因素：緊急性和時間效益率。

時間效益率只是一種評估方式，使我們認識到某一件工作雖然沒有另一件工作重要，也沒有緊急性，但是做這件工作獲益很大，所用的時間也不多，則仍然是有很好的理由先辦好它。例如，你一天最重要的工作是擬定一項報告，這需要花大半天的時間。但是你還有一些可以分給別人去做的小事，那麼在你開始草擬你的報告之前，用幾分鐘的時間把這些小事分配下去，被分配到的人就會有更多的時間去做了。這顯然是很有道理的。

「先做重要事情」這項原則也有例外，你會發現不要在一天的開始做最重要的事情；另外分配一段時間，集中精力去做會更好。

在你把標有記號的工作專案編了優先次序之後，也同樣的把比較不重要的事項編上優先次序，然後就努力按照次序去做。你已經有了一個比賽計畫了，你一天的「產量」將會比你做完了一件工作之後，再停下來爲要做的事定優先次序要多得多。

效率所重視的是做一件工作的最好方法。效力則重視時間的最佳利用——這可能包括或不包括做某一件工作。

例如，爲了即將召開的一項會議，你有一份必須打電話通知的名單。如果你從效率觀點來看，你就會想什麼時候打電話給他們是最好的時機、是不是要把他們的名字放入自動撥號卡片上以節省時間、這張名單是否是最新的正確資料等等。但是如果你從效力觀點來看，你就會問自己，打電話給這些人，是不是把時間做最佳的運用，你也許會考慮另一種聯絡方法；你也會考慮把打電話的事派給別人做；或把會議取消，好把時間用在更有用的地方。

健全的時間管理，應該以效力優先、效率次之的觀念爲出發點。

6.工作環境井然有序，可以提高工作效率

富蘭克林指出：正如環境可以影響人一樣，工作環境的有無秩序性，也可以影響人的工作效率的高低。一個人若不想工作得很糟糕，那麼井然有序的工作環境則是必需的。

當專注於自己的一生和職業目標時，需要思考如何從許多可能的事情中找出幾件，並加以完成。當作出「基本決定」時，這就是一種執行：「我下一步該怎麼做？」使工作環境井然有序則是所要做的第一步。

1.清理所有文件並加以處理

文書工作是個容易處理的問題。包括表格、信件、備忘錄、報告，或那些要填、讀、分析、寫和討論的東西。可是有些人卻對這一問題束手無策。

除非自己的工作像謄寫員工作一樣，得分類、歸檔、修正或處理文件，否則自己的文書工作應該是做得完的。因此，這些工作不該佔用自己太多的時間。

如果自己現在或即將成爲主管，希望盡可能減少不必要的文書工作，不妨試著提高那些

必要的工作的效率，並將所有文件集中在一個適當的地方存放。

那麼，應該如何處理這些工作呢？

大多數人常把文件堆在身旁，如桌上、衣櫥上、櫃子上、咖啡桌上、樓梯——只要是能放東西的地方。只要流覽一下一個人的辦公室或住處，就可以猜出一個人辦事情的能力。

如果自己面前總有一大堆文件，這暗示著自己一定經常受到困擾。零亂的文件表明需要別人的幫助，可是情況還不算太壞。有一位會計師，他的辦公室裏總是堆積好幾疊文件。最底下的一疊文件大約有六英寸厚，用橡皮筋或紙繩捆在一塊兒。有時一疊文件放在其他兩疊的中間，而有時則三四疊堆在一起，其中有些已無從辨認。甚至會計師也不知道，更不在乎裏面寫的是什麼。其實，只要翻翻裏面的文件就可以發現，有些文件根本就沒有用處。這些文件全記載著過期的法律規定和已去世的客戶資料，而這些人的遺產早就處理好了。這位會計師喜歡這些堆積的文件，對他來說，再也沒有比這更好的資料了。

如果自己喜歡堆積文件——假使心裏覺得有必要保留的話——那麼勸你改掉這些習慣，你需要的是另一種方式的協助。

假如自己是因爲疏忽或缺乏訓練而養成這種習慣，或者覺得這些文件若擱在手邊，做起事來會更有效率的話，那麼還有藥可救。

老實說，這些文件無疑是一項重擔。試著加以處理吧，否則它們會降低工作效率。就像一輛汽車，如果淨是舊零件，就無法迅速把車修好一樣。

看看自己面前堆積的東西，然後查閱一下其內容。在這些文件中，哪些對自己仍有用處？如果自己跟周圍的人一樣，那可能會有75％的文件是沒有用的。除非在找資料，否則是不會去看它的。如果沒有這些文件放在面前，也不會有失落的感覺。當堆放的舊年度報告和上個月的文件不見時，你將會因此而提高工作效率。

2.消除各種降低效率的因素

試著養成在一張十分乾淨、簡潔的桌子上工作的習慣。放在桌子上的文件，也一定要是最重要的，而且對自己有益。把其他不相關的東西擱置一旁吧。

這裏用「離久情疏」這句話可能比較合適。如果是重要文件，大多數人都會把文件放在醒目的地方，以免自己忘了。他們擔心，假如他們把文件存檔的話，他也會忘了文件上所提到的工作或職責。

他們這麼做也許並沒有錯。可是這不能構成積壓文件的理由。是否得和親戚住在一塊，才能記得他們呢？是否也得時時看到這些文件，才能把它們記在心裏呢？顯然不是。

這些文件的眞正作用，是讓人無法專注於某一件相當重要的工作。每當掃視面前堆著文件的桌子，會因惦記著去做某件事而分心。從複雜凌亂的記憶中選擇自己應該記住的某一要事，這是相當重要的。其關鍵就在「有選擇性」這四個字上。

最好的方式，首先是保持桌面的整潔。將文件擲在一旁，讓自己能專注於某一件重要的事，而不受其他因素的干擾。不用擔心會忘了下一步該怎麼做，絕對不會忘的。有些相當有用的記憶術能讓自己記得這些事，而不致耽誤工作進度。

用不著多久，自己就將養成每天制定計劃的習慣。這些計畫將取代那些文件，這不僅使自己在腦海裏有了一張清晰的秩序圖，更重要的是當付諸實際行動時，工作效率之高，會使你倍加滿意。

7.養成善用大事表的工作習慣

富蘭克林一生非常勤勉努力地工作，他的工作顯得非常合理而有序，這主要得益於他善用大事表的工作習慣。富蘭克林曾自豪地對他的一個朋友說：「只要有大事表，大小事都能搞定。爲什麼大事表這麼管用？其實，大事表的概念，就是讓你把所有應做的事完整地寫下來。它不只是寫今日或明日的待辦事項就行了，而是列出每一件你需要去辦的事情，包括今天、明天，還有長遠的未來。」

「所以，大事表寫得愈詳細，你就愈能掌握情況。有了大事表，你就不用再在桌上堆一堆文件了，你只要把這張表從頭到尾看一遍，就馬上知道自己該辦什麼、該向誰報告、該何時完成等等，這中間如何安排，由你全權掌控。再加上辦公桌也已整齊乾淨，你就永遠不用再在亂成一團的環境中做事了。」

富蘭克林給人們留下了他寫大事的要領，主要包括以下十三大要點：

- 用大張的紙。用大一點的紙來寫大事表，不要寫在信封背面或便條紙上。

• 保持整潔。大事表是很重要的文件，需要保持整潔。不要拿它當計算紙，或在上面亂畫。

• 把大事表放在桌上。大事表放在桌上，要隨時補記或刪除事項都很方便。

• 不要隔行書寫。一張紙通常可寫二十五到三十行左右，如果要新加內容，每行都要用到，不要空行。

• 不要用鉛筆。鉛筆寫字很容易模糊。

• 不要拘泥於先後順序。每天早上把大事表從頭到尾看一遍，找最重要的事來做。這樣完成的都會是重要的工作，而且成果豐碩，比浪費時間重寫一張表好多了。

• 不時對照大事表。把大事表擺在案頭，不時看一下，以完成重要工作爲目標，也就是能帶來可觀收益、好處多多的工作。

• 刪除完成的事。每完成一件工作，就把它在表上劃去。這比打勾還要有成就感。

• 著手做新工作。完成任務後，參照一下大事表，找出下一件待辦的重要工作。不要花時間考慮，立刻動手做！

• 隨時補充新事項。要是一天之中，接到電話、收了信和電子郵件後，有新的事冒出來，別因此就放下手邊所有的事。只把新的工作加進大事表中，先把手上的事做完再說。

•另起一頁。大事表第一頁寫完了，就另起一頁繼續寫，不要擠在空白的地方。

•重新整理。完成了大事表第一頁上約半數的工作，就是重寫、合併事項的時候了，否則又會有一疊的大事表。方法很簡單，只要先把大事表的第一頁逐項看過，把待辦事項重寫在最新的那一頁上。寫完後，與第一頁對照一下，看看有無漏寫的事項，然後第一頁就可以丟了，要不也可以把它歸入一個「舊大事表」的檔案。

•為明日計畫。下班回家前，記得再看一遍大事表，想想隔天最重要的工作是什麼。然後為自己排定時間，寫在行事曆上，便於隔天一早就動工。這也是非常好的省時秘訣。

富蘭克林強調，不要把大事表上的每件瑣事先做完，再來對付困難的部分。要領是：趁自己精力十足的時候，挑最重要的事做，也就是最花時間、最耗腦力、最耗精神的工作。這樣自己的工作品質不但高，又能準時完成，成果也令人滿意，而且花的工夫、承受的壓力也相對減輕。

「很多人都怕大事表變得很長，因為他們認為一天之內就要把表上所有的事都辦好，要是辦不到，他們就垂頭喪氣的。」富蘭克林說，「我自有另一套做法——我會把我該做的事全都列出來，這樣才不會忘記。通常我每天都會有一百到一百五十件左右的事（或電話）待辦。」

「你可別以為我一天之內把這一百多件事全辦完了，我沒有，而且這也不是我的目的。我的目的是每天都要把重要的事做完。因此有時我一天大概只從大事表上劃掉一件事，但是那件事是至關緊要、非完成不可的事。從這個角度看，我那天的產量還非常好哩。」

富蘭克林和大事表相伴終生，由此大大地提了工作效率，獲益多多。

富蘭克林認為：養成把每項必辦的事記在大事表上的習慣，不但事半功倍，工作質量高，最重要的是，可以做自己的主人，安排自己的生活，使自己的人生更加亮麗！

8.充分掌握和支配屬於自己的時間

時間平等地屬於每一個人。是人們自己使時間發生了變化、出現了不平等。要使時間平等地對待自己，就要善待時間，成功地適用時間。成功地運用時間有三個方法。第一個方法是，儘快做完手中的工作。第二個方法是，學會合理地安排和分配時間。這兩個方法都是從古代沿襲至今且證明是有效的。第三個方法是最有效的方法，即：把第一和第二種方法綜合成一體，同時運用。

富蘭克林認爲，學會拒絕是善待時間、贏得時間的一個不錯方法。他說：「在自己想充分利用和享受自己的時間的時候，一定給自己一個承諾：減少對別人的承諾，不論是對朋友還是家人。如果別人的邀請對自己來說是沒有吸引力，甚至無聊乏味、浪費時間，應該學會斷然而禮貌地拒絕。」

大部分人在整個工作日都很忙，白天工作，晚上總是有一些雜事需要處理，只有週末是能完全由自己支配的，要是這時候，有人要求你去做一些不相干的事，應該果斷地拒絕。如

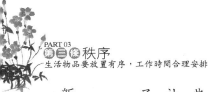

果無法說出「不」，請聽聽富蘭克林是怎麼說的，「自己可以用一些言詞上的技巧，來減少自己的承諾」。

彼特是一位成功的部門經理，具有領導才能，而且爲人開朗隨和。他的缺點是處理社交問題很不果斷。如果有人向他發出邀請，即使他不願意去，也很難表示拒絕。他總會無奈地想到自己竟不能掌握自己的生活。

在最近一次受到邀請的時候，他正在和孩子一塊讀卡通書。那個晚上他很不想離開家，可是如果堅決地予以回絕，又好像不太禮貌，於是他撒了個小謊，說身體不太舒服，想留在家裏休息。這樣他爲自己贏得了一個輕鬆安靜的晚上。

後來，他把可以作爲拒絕邀請的理由寫在紙上，列成清單，放在電話機旁邊，在接到那些他不喜歡的邀請的時候，他就隨時會有一些合理的理由，委婉地回絕。雖然這樣導致了他社交面的減少，但是他絲毫沒有爲此感到遺憾，他告訴別人，現在不用東奔西跑疲於應酬了，現在他有更多的時間去做自己喜歡做的事，他的生活變得簡單、輕鬆、充滿樂趣。

另外，學會退出無聊的團體，也是節約時間的一個很好的舉措。

在當今社會裏，人們會不斷地被身邊人勸說加入各種各樣的團體。一旦加入後，最初的新鮮感很快就會被參加定期沉悶聚會時的沮喪所代替。自以爲能借此做一些有意義的事情，結交一些活潑有趣的朋友，到頭來卻發現，除了在那裏乏味的閒聊之外，什麼也沒做。不但浪費了錢財和時間，還會有一大堆會員的義務和責任套在自己頭上，讓自己喘不上氣來。

看來，應該拿出所有的會員卡，看看哪些團體是值得參加的，相信有一大部分是連自己都不知道是怎麼進去的。那就按照以下三個標準，對所有會員卡進行挑選：

- 出於工作需要必須加入的團體。
- 出於強烈的興趣愛好而很想加入的團體。
- 你從不後悔加入的團體。

把不合標準的會員卡統統退回。這樣，自己再也犯不著爲那些無聊的團體而浪費時間了。

富蘭克林告誡青年：時間對每個人都是平等的，也是有限的，只有剔除那些無端浪費自己時間的活動，充分掌握和支配屬於自己的時間，才能使有限的生命獲得無限的延伸。

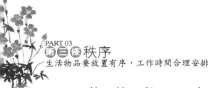

9. 為每一天、每一周制定工作計畫

富蘭克林說：「昨天是一張過期的支票，明天是一張尚未兌現的期票，只有今天才是可以流通的現金。因此，只有今天才是人們惟一可以利用的時間，好好珍惜今日，善加利用吧。」

為了有效地管理自己的時間，人們要時時把自己當成是按小時計酬的人，不論現在是領取月薪還是年薪。要算出每小時究竟可以得到多少酬勞，國外有一種計算辦法：用一年的薪水除以一萬，再除以二，這差不多就是每小時的酬勞。

例如，如果一個人一年的薪水是一萬六千元，每小時的酬勞大概就是八元。如果一位同事來拜訪這個人，說完正事後再談上十五分鐘的閒話，這個人失去的時間的價值用貨幣表示就是二元。如果上班的時候花了半個小時喝杯咖啡，可能要付一元的咖啡錢，而佔用的時間的價值卻要值四元。

當然，並不是說人們不應該喝咖啡、休息或與人閒談一會，它們具有各自的價值，無法用一個統一的標準來衡量。有人也許會說，如果我與人喝杯咖啡，說不定正好談成了一筆交易，而這筆交易的價值比半小時的時間價值要大得多。但是，如果能對它們的價值有個比較，會發覺自己將能更好地防止因安排不當而浪費時間。

如果按以下的建議去做，人們會省下很多時間，每天至少可以獲得一兩個小時的時間另做它用。那麼，當擁有這些額外的時間之後，該怎麼運用呢？這是一個很重要的問題，因爲如果不珍惜時間，節省下來的大部分時間也會在不知不覺中消失浪費。

因此，要把握好自己所節省下來的時間並合理支配。最好制定一個計畫來運用這些時間，並分配一定時間用於娛樂方面，去做一些使自己更接近於個人及職業目標的活動。人們只有以相當的毅力，才能贏得這些寶貴的時間，所以一定要合理運用。

第一個建議是每天都要做好計畫。沒有哪一位足球教練不在賽前向隊員細緻周密地講解比賽的安排和戰術。而且事先的某些計畫也並非一成不變，隨著比賽的進行，教練一定會根據賽情作某些調整。但重要的是，開始前一定要做好計畫。

人們最好爲自己的每一天和每一周訂個計畫，否則自己就只能被迫按照不時放在辦公桌上的東西，去分配自己的時間，也就是說，完全由別人的行動決定辦事的優先與輕重次序。這樣將會發覺自己犯了一個嚴重的錯誤——每天只是在應付問題。

爲自己的每一天定出一個大概的工作計畫與時間表，尤其要特別重視當天應該完成的兩三項主要工作。其中一項應該是更接近最重要目標之一的行動。在星期四或星期五，照著這個辦法爲下個星期作同樣的計畫。

請記住，沒有任何東西比事前的計畫能促使你，把時間更好地集中運用到有效的活動上來。研究結果證實了一個反比定理：當做一項工作之時，花在制定計劃上的時間越多，做這項工作所用的時間就會越少。

第二個建議是按日程表行事。爲了更好地實施自己的計畫，建議每天保持兩種工作表，而且最好在同一張紙上。這樣一目了然，也便於比較。在紙的一邊或在記事本上，列出某幾段特定時間要做的事情，如開會、約會等。在紙的另一邊列出「待做」的事項——把計畫要在一天完成的每一件事情都列出來。然後再審視一番，排定優先順序，將最重要的事項標上特別記號，並排出特定的時間來辦理。如果時間允許，再按優先順序儘量做完其他工作。不要事無巨細地平均支配時間，同時，要留有足夠的時間來彈性處理突發事項，否則會因小失大。

日程工作表

年　月　日

要完成事項	待做事項

「待做事項表」有一個很大的缺點，那就是我們通常根據事情的緊急程度來排序。它包括需要立刻加以注意的事項，其中有些事項很重要，有些並不重要。但是它通常不包括那些重要卻不緊急的事項，諸如你要完成、但沒有人催你的長遠計畫中的事項和重要的改進專案。

因此，在列出每天的「待做事項表」時，一定要花一些時間來審閱「目標表」，看看現在所做的事情，是不是有利於要達到的主要目標，是否與其一致。

在結束每一天的工作的時候，很可能沒有做完「待做事項表」中的事項，也不要因此而心煩。如果已經按照優先次序完成了其中幾項主要的工作，那麼這正是時間管制所要求的。

不過，這裏有一項忠告：如果把一項工作（它可能並不十分重要）從一天的「待做事項表」上移到另一天的工作表上，且不只是一兩次，這表明可能是拖延了此事。這時要向自己承認，是在打馬虎眼，就不要再拖延下去了，而應立即想出處理辦法並著手去做。

最好在每天下班前幾分鐘擬定第二天的工作日程表。對於那些成功的高級經理人員來講，這個方法是他們做有效的時間管理計畫時最常用的一個。如果拖到第二天上午再列工作計畫表，那就容易做得很草率，因爲那時又面臨新的一天的工作壓力。這種情況下排定的工作表上所列的，常常只是緊急事務，而漏掉了重要卻不一定是最緊急的事項。

富蘭克林說得不錯，「紛繁的工作會占滿所有的時間。」

解決的辦法是：爲某一工作定出較短的時間。也就是說，不要將工作戰線拉得太長，這樣就會很快地把它完成。這就是爲什麼要定出每日工作計畫的目的所在。沒有這樣的計畫，對待那些困難或者輕鬆的工作都會產生惰性，因爲沒有期限或者由於期限較長，感覺可以以後再說。如果只從工作而不是從可用的時間上去著想，就會陷入一種過度追求完美的危機之中；會巨細不分，且又安慰自己已經把某項次要工作做得很完美，這樣做的結果只能是主要的目標落空了。

10.掌握好生活的節奏感

富蘭克林說過：「做人是講秩序的，馬馬虎虎、雜亂無章是致命的傷口，嚴謹而有節奏感才有最終的說服力。」

什麼是對年輕人的最高評價?實驗表明，大多數的年輕人最喜歡聽到別人評價自己說：「這個小夥子很成熟。」其實，「成熟」就是節奏和秩序的代名詞，成熟的年輕人不會丟三落四、不會說話不算數，對任何事情都有一個負責的態度，並且能很好地安排自己的日程，能工作、也會休息。

「一張一弛，文武之道」，時時刻刻都緊繃著神經，一旦有一個閃失，還來不及防備就前功盡棄，所以人們經常說，會休息才會工作，這講的也是節奏感。

1.凡事「慢慢來」

漢語中有些詞的含義是非常深刻的，比如「慢慢來」，它不僅表明了得意忘形與寵辱不驚的區別，而且還充分體現了生活因爲沈著而美麗的道理，用英語說就是「Take it easy」。

一個人，剛參加工作的時候，許多老師和長輩都教導他，要儘快熟悉情況，儘快進入角色，這樣才能受到單位主管的重視。也許是他確實適應能力較差，半年的時間裏，他都用來觀察、瞭解情況，基本上沒有發表什麼意見，也沒能像長輩們所說的那樣「迅速進入角色」、很快做出一些成績來，並且他經常自我解嘲：慢慢來嘛。

見習期結束時，主管在評語上寫道：該同志謙遜謹慎，工作負責認真，尊敬主管，能與同事搞好關係，不足之處是工作主動性還有待於提高。而對其他同志的評語總有一條：不足之處是有急躁情緒。

「有急躁情緒」這幾個字，是對年輕人評價時使用頻率最高的。事實上，年輕人始終能體現出「沈著」是很難的，可見「急躁」是年輕人的共同特點，而要挽回或彌補這個「特點」，不是短時間內可以完成的。

因此，相對而言，「慢慢來」應當是優點，特別是對於年輕人來說。「慢慢來」可以給自己觀察、瞭解情況的時間，等到把事情弄明白了，做事才能夠心裏有數，才能從容不迫，才能事半功倍。

與其讓別人評價你「急躁」，不如讓別人說你「主動性須加強」。因此，遇到麻煩了，遇到難題了，不妨對自己說一句「慢慢來」，這樣，就能冷靜下來。「心急吃不得熱豆腐」，在這個凡事著急不得的時代，年輕人能沈住氣絕對是千金難買的。

2.處理好計畫與變化之間的關係

「節奏感」最具體的表現，就是有計劃。計畫，就是對今天和明天要做什麼事，有一個提前的設想和安排，然後逐步實施，做到有準備、有步驟，有條不紊。但是人們通常很難達到完全按照計畫行事的境界，意外和突變是最平常的了，所以，要講究節奏，就要先處理好計畫與變化的關係。

計畫與變化，原則上講，計畫比較恒定，不是非改不可，就要先堅持你的計畫，如果確實需要調整，也務必把計畫作爲調整的基礎，否則只能證明計畫不完善；而變化則是突如其來的，不穩定，但又不能完全忽視。

最後，還可以把變化作爲下次制定計劃的不可抗條件，標注在計畫之下。

3.學會合理休息

爲什麼每個星期都有週末，就是爲了讓大家工作五天之後，停下來休整休整，積蓄足夠的精力，以便更好地投入下周的工作。

年輕的時候，由於成功的意念非常強烈，總是非常投入和勤奮，廢寢忘食、夜以繼日，甚至捨不得休息和停頓，精神當然十分可嘉，不過，心急不等於馬上能實現目標，對成功的追求不是一天兩天的事，而是一個時間較長的過程，因此，為了維持這種追求的狀態，必須懂得「歇一歇」。

這裏的「歇一歇」，完全是由自己安排的，準確地說，是自己「偷懶」，「磨刀不誤砍柴工」，這樣，工作效能就會因而得到迅速的提高。每天，除了吃飯時間，最好能抽出大約四十五分鐘偷偷地休息一下，可以做做「白日夢」，也可以到樓梯間抽抽煙，到窗戶邊看看樓下走過的女孩等等；每週的週末，可以用半天的時間迅速做完家務事，用半天時間與戀人或朋友一起外出，度過一個溫馨的下午，另外一天最好由自己隨便安排，可以睡懶覺，也可以做願意做的任何讓自己快樂的事；每年呢，最好安排二十天或一個月，作一次出遠門的旅行，或到一些不是很著名的旅遊景點領略風土人情，以後有條件還可以出國轉轉。富蘭克林強調：不要把自己搞得那麼緊張，累了就歇一歇吧。

4.有時間可以高雅高雅

「高雅」不是裝出來的「作秀」，而是自己培養出來的品位。比如對音樂的喜好，對影視的欣賞，對文學的癡迷等等。當然，高雅並非只是聽聽音樂，看看小說，欣賞欣賞歌劇、話劇、電影，它需要一種發自內心的氣質和修養，需要一種深厚的文化底蘊。而這些都是長期培養出來的。

富蘭克林強調：掌握住了生活的節奏感，就是抓住了組成生命時間的要素。合理安排它們，按照節奏去組織它們，能使自己的人生奏出美妙和諧的樂章。

第四條 決心

PART 04

要做的事就下決心去做，決心做的事一定要完成

任何成功都必須全力以赴，堅持到底，否則你永遠無法得到你想要的一切。

一個人如果下決心去做某事，那麼他就會憑藉這種決心的力量，跨越前進途中的層層障礙，成功也就有了切實可靠的保證。

1.決心就是「認準了就要全力以赴、堅持到底」

富蘭克林認爲，做任何事都不能缺少決心，決心是使工作完成的關鍵。他說，「任何成功都必須全力以赴、堅持到底，否則，你永遠無法得到你想要的一切。」

在成功生活的過程中，決心是無可取代的。但人們時常會發現許多失敗的人都是有特殊天分的。他們擁有許多大好的機會，只因爲太快放棄而未能成功，熱情也在一夜之間爲懶惰和不耐煩所取代。

決心和堅毅才是使工作完成的關鍵。如果一個人想成功，必須有堅持到底的決心。

富蘭克林認爲，「下定決心，不管做什麼，都要全力以赴。」一位著名的教練對他的球隊說過一段簡短而振奮人心的話：「當歡呼聲消失了，體育場上人去樓空後；當報上的大標題已經印出，你回到自己安靜的房間，超級獎盃放在桌上，所有熱鬧都已消失後，剩下的就只有：致力於完美，致力於勝利，致力於盡我們最大的努力，以使這世界變得更好。」

一位哲人說過，任何人都可以數得出一個蘋果裏有多少種子，但只有上帝知道一粒種子裏有多少蘋果。

要想實現夢想，必須要行動，而行動必須要有決心。只有既有行動又有決心的人，才能發揮潛能、成就偉業、完成目標。

亨利．福特在成功之前因失敗而破產過五次。邱吉爾直到六十二歲才成爲英國首相，那時他已經歷過無數次失敗和挫折了。他最偉大的貢獻，是在他成爲「年長公民」後完成的。有十八位出版家否決掉理查．巴哈的一萬字故事《天地一沙鷗》，最後由麥克米蘭出版公司於一九七〇年發行。到了一九七五年，僅在美國一地，這本書便賣出七百萬本。

可以這麼說，世界上如果有一百個人的事業獲得巨大的成功，那麼，這一百個人都有把事業堅決進行到底的決心。

有這樣一個人，死神在他事業的路上如影隨形，他卻矢志不渝地走向了成功。他就是家喻戶曉的諾貝爾獎金的奠基人——弗萊德．諾貝爾。

一八六四年九月三日這天，寂靜的斯德哥爾摩市郊，突然爆發出一聲震耳欲聾的巨響，滾滾的濃煙霎時衝上天空，一股股火焰直往上竄。僅僅幾分鐘時間，一場慘禍發生了。當驚恐的人們趕到現場時，只見原來屹立在這裏的一座工廠只剩下殘垣斷壁。火場旁邊，站著一位三十多歲的年輕人，突如其來的慘禍和過分的刺激，已使他面無人色，渾身不住地顫抖著……

這個大難不死的青年，就是後來聞名於世的弗萊德．諾貝爾。諾貝爾眼睜睜地看著自己創建的硝化甘油炸藥實驗工廠化爲了灰燼。人們從瓦礫中找出了五具屍體，四人是他的親密助手，而另一個是他在大學讀書的小弟弟。五具燒得焦爛的屍體令人慘不忍睹。諾貝爾的母親得知小兒子慘死的噩耗，悲痛欲絕；年邁的父親因大受刺激而引起腦溢血，從此半身癱瘓。然而，諾貝爾在失敗面前卻沒有動搖、退卻，仍充滿一直向前的決心。

事情發生後，警察局立即封鎖了爆炸現場，並嚴禁諾貝爾重建自己的工廠。人們像躲避瘟神一樣地避開他，再也沒有人願意出租土地讓他進行如此危險的實驗。但是，困境並沒有使諾貝爾退縮，幾天以後，人們發現在遠離市區的馬拉侖湖上，出現了一隻巨大的平底駁船，駁船上裝滿了各種設備，一個年輕人正全神貫注地進行實驗。毋庸置疑，他就是在爆炸中死裏逃生、被當地居民趕走了的諾貝爾！

無畏的勇氣往往令死神也望而卻步。在令人心驚膽戰的實驗裏，諾貝爾依然持之以恆地行動，他從沒放棄過自己的夢想與決心。

功夫不負有心人，他終於發明了雷管。雷管的發明是爆炸學上的一項重大突破，隨著當時許多歐洲國家工業化進程的加快，開礦山、修鐵路、鑿隧道、挖運河等都需要炸藥。於是，人們又開始親近諾貝爾了。他把實驗室從船上搬遷到斯德哥爾摩附近的溫爾維特，正式建立了第一座硝化甘油工廠。接著，他又在德國的漢堡等地建立了炸藥公司。一時間，諾貝爾的炸藥成了搶手貨，諾貝爾的財富與日俱增。然而，初試成功的諾貝爾，好像總是與災難相伴。不幸的消息接連不斷地傳來，在三藩市，運載炸藥的火車因震盪發生爆炸，火車被炸得七零八落；德國一家著名工廠，因搬運硝化甘油時發生碰撞而爆炸，整個工廠和附近的民房變成了一片廢墟；在巴拿馬，一艘滿載著硝化甘油的輪船，在大西洋的航行途中，因顛簸引起爆炸，整個輪船葬身大海……

一連串駭人聽聞的消息，再次使人們對諾貝爾望而生畏，甚至把他當成瘟神和災星。隨著消息的廣泛傳播，他被全世界的人所詛咒。

諾貝爾又一次被人們拋棄了，不，應該說是全世界的人都把自己應該承擔的那份災難，給了他一個人。面對接踵而至的災難和困境，諾貝爾沒有一蹶不振，他身上所具有的毅力和恒心，使他對已選定的目標義無反顧、永不退縮。在奮鬥的路上，他已經習慣了與死神朝夕相伴。

大無畏的勇氣和矢志不渝的決心，最終激發了他心中的潛能，他最終征服了炸藥，嚇退了死神。諾貝爾贏得了巨大的成功，他一生共獲專利發明權三百五十五項。他用自己的巨額財富創立的諾貝爾獎，被國際學術界視爲一種崇高的榮譽。

諾貝爾成功的經歷告訴人們，決心是實現目標過程中不可缺少的條件，決心是發揮潛能的必要條件。決心與追求結合之後，便形成了百折不撓的巨大力量。

從諾貝爾的成功可以看出，作事業要經得起挫折，要有決心和毅力，絕不能半途而廢。做一件事堅持到底最重要，否則，就會在競爭中一事無成。

富蘭克林始終堅信，巨大的成功靠的不是力量而是韌性。社會競爭常常是持久力的競爭，有決心和毅力的成功者，往往成爲笑到最後、笑得最好的人。從龜兔賽跑的故事中可知，競賽的勝利者必須有持之以恆的精神。因而，決心和毅力對獲得事業成功的人來說，是必備的條件。

富蘭克林告誡青年：半途而廢，淺嘗輒止，發揮潛能的願望永遠只能是夢。從現在開始，就下定決心、排除萬難，去爭取自己人生的輝煌吧！

2.全力以赴的精神，對人生的影響不可估量

富蘭克林說，「全力以赴、力求完美的精神，對人生的影響不可估量。」失之毫釐，謬以千里。平庸和優異、一般和最好之間，存在著巨大的差別。無論是在思想上，還是在日常的生活中；無論爲莊稼鋤草，還是爲國家立法，始終嚴格要求，人們就會有一種向上的精神。這是意志薄弱、目光短淺的人所缺少的品格。只要對自己所做的一切精益求精、頑強奮鬥，終究會磨煉出超人的才華，激發出潛在的高貴品質，讓人生的火炬熊熊燃燒。

力求完美的精神主宰了心靈，滲透進個性中，會影響一個人的行爲和氣質。做事臻於完美的人，有一種寧靜致遠的氣質，他不會輕易放棄堅守的信念；他無所畏懼，敢於面對這個世界，因爲他問心無愧、與虛假無緣，他已竭盡全力，力求至善。

這些品質將給人一種自我實現的滿足感。那些三心二意、作風散漫的人，永遠不會體會到。當一個人因爲能把一件事做得盡善盡美而激動不已時，當一個人心安理得地欣賞著自己

的所作所爲時，這是一種眞正的快樂、眞正的成功！這種成就感，能夠促使人們的各種才能得到最完滿的發揮。它會激發人們的心智、陶冶人們的情操、增強人們的體質。

這就是成長，一種智力的增長和心腦的擴展，會給人們一種用言語無法形容的幸福感。

人們所做的事，可能爲世人所矚目，也可能無人知曉，但這沒有什麼不同，人們內心深處有一個衡量的標準。完成一項工作會受到良知的讚揚；如果半途而廢、敷衍了事，會受到良知的譴責。當然，有可能是這樣一種情況：儘管失敗了，仍然會贏得掌聲。但是，一個人必須認識到有一種東西比他人的掌聲更重要，比他人的贊同更寶貴，那就是自尊。如果失去自尊，人生將黯然失色。

但是，如果沒有嚴格要求自己、做事漫不經心，長此以往，自我譴責的良知就會逐漸泯滅，然後，馬馬虎虎地工作，養成了懈怠的習慣。雖是不經意的自我放任，卻助長了壞習慣的形成，良知泯滅、尊嚴喪失，習慣敷衍了事而不感到良心不安。如果這個習慣沒有得到糾正，繼而就會失去堅定的意志，日漸頹廢，所做的每一件事都不再追求完善，或者說缺少了精益求精的精神。懈怠的行爲還會助長不誠實的態度，老闆在場時發奮工作，老闆離開後粗製濫造、消極怠工。

如果一個人在工作之初就下定決心，一定要出色地完成每一項工作，絕不半途而廢，就

會全身心地投入工作。

追求卓越，永無止境。

富蘭克林說：「只要永遠渴望進步，嚮往更高、更快、更好，機會將永遠伴隨著你。沒有什麼能阻擋你的腳步。」

3.世界上沒有任何東西能夠代替恒心

富蘭克林指出：若要問成功的人有些什麼共同的條件，恒心絕對算是一條！大多數成功者只有平常的智慧和能力，可是他們在完成一項工作時，在遭受重大困難時，在工作極其繁重時，卻有超乎常人的耐心和毅力。如果一個人有這種品質並能加以培養，那麼一定能找到最適合的工作，作出成績，出人頭地。

任何人在向理想目標挺進的過程中，都難免會遇到各種阻力和重重困難，在這種情況下，持之以恆則是最難能可貴的。所謂「持之以恆」，是做自己命運的主宰時不朝秦暮楚、不被眼前的困難嚇倒、不半途而廢、不淺嘗輒止、不功虧一簣。持之以恆是一種毅力、是一種精神。

富蘭克林說，「世界上沒有任何東西能夠代替恒心。」才幹不能，有才幹的失敗者多如過江之鯽；天才不能，「天才無報償」已成爲一句俗語；教育不能，被遺棄的教養之士到處充斥著。惟有恒心才能征服一切。

在人們剛上學的時候，教師就告訴人們：堅持就是勝利。教師用很多的例子來教誨，其中一個最顯著的例子就是，一個挖井人一連挖了幾口井，都不能堅持到底，到一半便放棄了，他說：這口井沒有水。於是他挖了一口又一口的井，但卻始終沒有挖出水。其實水就在下面，挖井人只是沒有持之以恆的決心罷了。

生命就是一場馬拉松競賽，最大的敵人不是別人，而是自己。每個人在向事業邁進的旅程中，惟有靠持之不移的恒心，持續不斷的毅力，才能成爲一個眞正的成功者。

如果通往成功的電梯出了故障，請走樓梯，一步一步來。只要還有樓梯，或是任何梯子，通往想去的地方，電梯有沒有故障都是無關緊要的事了，重要的是不斷地一步一步往上爬。

恒心是有代價的。在向目標挺進的時候，千萬不要被別人嘲弄的聲音、諷刺的話語、卑鄙的評論所嚇倒；要蒙起自己的耳朵，別去理睬他們，繼續前進。

假使在途中遇上了麻煩和阻礙，就去面對它、解決它，然後再繼續前進，這樣問題才不會愈積愈多。只要堅持到底，一個一個來，不操之過急，很快地就會發現自己有了很大的轉變：幹勁增強了，自信心提高了，感到一種前所未有的快活；工作也比過去做得更多更好，人際關係也朝著好的方向轉變。

在前進的時候，一步步向上爬時，千萬別對自己說「不」，因為「不」也許會導致決心的動搖，放棄目標，從而返下樓梯，前功盡棄。

恒心總是有代價的，總是有價值的。

在奮鬥時有耐心、有恒心，成功就會在眼前。一切都由自己的恒心去實現。

由於恒心的支持，才使得安妮·蘇莉文教導又聾又盲的海倫，進入她所看不見也聽不見的世界。

恒心使得愛迪生回到他的製圖板和電燈下，繼續工作直到完成為止。他一次又一次地試驗，只為了找出適當的燈絲材料。如果愛迪生放棄了他的工作，那麼現在人們也許只有在煤油燈下看書寫字了。

中國有句古語，叫「鍥而不捨，金石可鏤」，這是中國古代戰國時期著名學者荀子，勸告人們學習或做事要持之以恆的一個比喻。意思是說，不停息地用刀子刻下去，即使是堅硬的金石也要被刻穿。堅持不懈，就是「韌」，就是頑強的毅力。「有恒心」不僅是希望學有所成的人必須具有的精神，也是作一切事情所應有的科學態度。富蘭克林就說過：「我所完成的任何科學工作，都是通過長期的思考、忍耐和勤奮得來的。」

人在奮鬥的過程中，由於條件所限，必然困難重重，也會有種種干擾。這些困難、干擾，就像一座座山橫亙在我們前進的道路上。是望山止步，還是翻山而行？十九世紀英國作家福樓拜說得好：「頑強的毅力，可以征服世界上任何一座高峰。」不錯，只要拿出頑強的毅力，持之以恆、堅持到底，事業的成功便成為一種必然。

生活常常這樣：在自己向目標挺進的過程中，突如其來的打擊，一次又一次的失敗，莫名的痛苦和煩惱……，像影子一樣時不時地跟著自己，很難徹底擺脫。於是，人們便有了勇敢和懦弱、堅定和猶豫、勤奮和懶惰、廉潔和貪欲之分——一句話，有了強弱之別，有了堅持到底和中途沉迷的差異。

事實上，許多人在生活中不能扮演強者的角色。

然而，「物競天擇，適者生存」（大自然如此，人類社會也莫能例外）。在充滿競爭的現代社會裏，人人都希望自己是一個強者。

更何況，每個人的內心都有一股與生俱來的力量，推動自己生活得成功而光明——力爭上游、渴望成功和追求幸福是人的天性。

人們在許多場合下，都會出現體力不斷消耗甚至完全耗盡的情況，可是，堅定的信心、頑強的意志、不倒的精神會神奇地在人們的身上激發起新的體力，促使人們走向目標。

只會默默地承受苦難不是強者的行為。一味地打退堂鼓，再找幾條適當的理由安慰自己、開脫自己，更不是強者所爲，這恰恰是意志薄弱的表現。

「人生沒有免費的午餐」，保持自己力爭上游的天性，持之以恆的韌性，出力出汗甚至付出血的代價，也要去實現目標，這便是人生的驕傲。

富蘭克林強調：人——強者——可能會倒下一千次，但總要在第一千零一次站起來，踉蹌前進，這就是人生中最爲難能可貴的恒心使然，也是使人成爲強者的關鍵所在。

4. 走自己的路，讓別人去說吧

在行動前，很多人提心吊膽、猶豫不決。在這種情況下，首先要問問自己：「我害怕什麼？爲什麼我總是這樣猶豫不決、抓不住機會？」

不要爲自己找藉口了，諸如別人有「關係」、有錢，當然會成功等等。這些都是一個人維持現狀的理由，其實，根本原因是從來沒有什麼目標、沒有勇氣，是膽小鬼，根本邁不出成功的第一步，只知道成功不會屬於自己。

富蘭克林說：「如果一生只求平穩，從不放開自己去追逐更高的目標，從不展翅高飛，那麼人生便失去了意義。」

成功的將軍總是拒絕人們畫出的分界線，他們向傳統的一切提出挑戰。他們利用自己的想像力，打破舊的模式，讓自己的信心得到昇華。巴頓將軍曾對自己的下屬說：「去做一件事，先經過估測再去冒險，那同莽撞蠻幹是兩碼事。」

不要被重重阻力所嚇倒，要時刻都敢想敢做，去走自己的路。

行動能使人走向成功，似乎人人都知道，但當人們面臨行動時，往往就會猶豫不決、畏縮不前。「語言的巨人，行動的矮子」不在少數。

人們害怕行動，往往一行動就想到失敗。這種恐懼的心理會摧毀自信、關閉潛能、束縛手腳，使人遇事不敢輕舉妄動。

人對於改變，多多少少會有一種莫名的緊張和不安，即使是面臨代表進步的改變也會這樣，這就是害怕冒風險造成的。行動就意味著風險，因而就出現了左顧右盼、拖延觀望等等。特別是當形勢嚴峻時，人們習慣的做法就是保全自己，不是考慮怎樣發揮自己的潛力，而是把注意力集中在怎樣才能減少自己的損失上。

有一種理論說，人有自私的天性，原因是出於自我保護的本能，付出就意味著「失去」，而行動就意味著要付出，怕行動就是不願付出。

因此，行動可以說是一種心態，行動的障礙只有在行動中才能解決。行動，是醫治「行動恐懼症」的惟一良方。車爾尼雪夫斯基說：「實踐，是個偉大的揭發者，它暴露一切欺人和自欺。」

先行動起來，在行動中去糾正、去調整，才是剷除心理障礙的最好的辦法。行動的障礙歸根到底還是心理障礙。

如果害怕在人多的場合講話，一定要找機會去說、大聲說。想去做一件事的時候思慮太多，這時候，最簡單也是最好的辦法就是不讓自己多想，現在就做，立刻就做，打斷自己原有的那種思維邏輯和習慣，走出第一步，勇氣就產生了。

美國著名的高空鋼索表演者瓦倫達，在一次重大的表演中，不幸失足身亡。他的妻子在事後說：「我知道這一次一定會出事，因爲他上場前總是不停地說：『這次太重要了，不能失敗，絕不能失敗。』以前每次成功的表演，他只想著走鋼索這件事本身，不去管這件事可能帶來的一切後果。」

後來，人們就把專心致志於事情本身、不去管這件事的意義，沒有患得患失的心態，叫做「瓦倫達心態」。

凡事先行動起來，就容易達到「瓦倫達心態」。因為，一旦迅速進入行動狀態後，就來不及多想。逼上梁山，背水一戰，絕無退路，這樣反而容易成功。

格羅根指出：「無論做什麼事情，開始時，最爲重要的是不要讓那些愛唱反調的人破壞了你的理想。」美國斯坦福大學的一項研究也表明，人大腦裏的某一圖像，會像實際情況那樣刺激人的神經系統。比如，當一個高爾夫球手擊球時，一再告訴自己不要把球打進水裏，他的大腦裏往往就會出現球掉進水裏的情景，結果往往是球眞的掉進水裏。這項研究從另一個方面證實了「瓦倫達心態」。

「先投入戰鬥，然後再見分曉。」拿破崙如是說。只有行動起來，才能掙脫輿論的枷鎖，因為「這個世界上愛唱反調的人眞是太多了，他們隨時隨地都可能會列舉出千條理由，說你的理想不可能實現。你一定要堅定立場，相信自己的能力，努力實現自己的理想。」

但丁在《神曲》中描述自己在導師——古羅馬詩人維吉爾的引導下，遊歷了慘烈的九層地獄後來到煉獄，一個魂靈呼喊他，他便轉過身去觀望。這時，導師維吉爾這樣告訴他：「為什麼你的精神分散？為什麼你的腳步放慢？人家的竊竊私語與你何干？走你的路，讓人們去說吧！要像一座卓立的塔，絕不因暴風雨而傾斜。」

只要認準了路，確立好人生的目標，就永不回頭。富蘭克林告誡青年人：「走你的路，讓人們去說吧。」向著目標、堅定意志，心無旁騖地前進，相信一定會到達成功的彼岸。

5. 想做的事就要立刻去做

富蘭克林說：「想做的事情，立刻去做！當『立刻去做』從潛意識中浮現時，立即付諸行動。」

從小的事情開始，立即去做！養成習慣，機會出現時，就能立即行動。

第二次世界大戰時，年少的美國人肯尼斯在日軍登陸馬尼拉時被俘，隨後被送往一處集中營。肯尼斯看到室友的枕頭下有一本書叫《人生的優點》，他愛不釋手，便問道：「可以借給我看嗎？」最終他如願以償。那本書給肯尼斯極大的鼓舞和啓示。他渴望擁有那本書，但是書的主人卻不願割愛。「借給我抄！」他於是說，室友爽快地答應了。

肯尼斯成功的秘訣就是立刻去做。他開始逐字逐頁謄錄，由於書隨時會被索回，他夜以繼日地抄錄。

抄完最後一頁僅僅一個小時之後，他的室友被帶到另外一處集中營。被俘的三年期間，肯尼斯一直帶著那份手稿，一讀再讀。就是那本書一直鼓舞他，給了他很多的勇氣。他決心按照書上所講的那樣去行動，用行動來實現自己的夢想。後來他成爲美國著名的大銀行家。他說：「我必須立即去行動，否則行動就會長翅膀飛走。」

喬根·裘大是哥本哈根大學的一名學生，有一次他到美國旅遊，先到華盛頓，下榻在威勒飯店，住宿費已經預付。他上衣的口袋裏放著到芝加哥的機票，褲袋裏的皮包放著護照和現金。當他準備就寢時，突然發現皮包不翼而飛，他立刻下樓告訴旅館的經理。「我們會盡力尋找。」經理說。

第二天早上，錢包仍然不見蹤影。他隻身在異鄉，手足無措。打電話向芝加哥的朋友求援？到丹麥使館補辦遺失護照？苦坐在警察局等待消息？他腦裏閃過一個又一個念頭。

突然，他告訴自己：「我要看看華盛頓，我可能沒有機會再來，今天非常寶貴。畢竟，我還有今天晚上到芝加哥的機票，還有很多時間處理錢和護照的問題。如果我現在不暢遊華盛頓，將來就沒有機會了。我可以散步，現在是愉快的時刻，我還是我，和昨天丟掉錢包之前沒有什麼兩樣，來到美國，我應該快樂享受大都市的一天，不要把時間浪費在丟掉錢包的不愉快上。」

於是他開始徒步旅遊，爬上華盛頓紀念碑，參觀白宮和博物館。雖然許多想看的地方他沒有看到，但所到之處，他都盡情暢遊一番。回到丹麥之後，美國之行最令他難忘的就是徒步暢遊華盛頓，因爲那令他知道把握現在最重要。五天之後，華盛頓警局找到了他的皮包和護照，寄還給他。

立即行動，可以實現你最大的夢想！

史威茲喜歡打獵和釣魚。他最大的快樂就是帶著釣魚竿和來福槍，進入森林宿營；幾天之後再帶著一身的疲憊和泥濘，心滿意足地回來。他惟一的困擾是，這項嗜好會花去太多的時間。有一天，他依依不捨地離開宿營的湖邊，回到現實的保險業務工作中。突然他想到，荒野之中，也許有人會買保險。如果眞是這樣，豈不是在外出狩獵時，也一樣可以工作了嗎？果然，阿拉斯加鐵路公司的員工正是如此；散居在鐵路沿線的獵人、礦工也都是他的潛在客户。

他立刻做好計畫，搭船前往阿拉斯加。他沿著鐵路來回數次，「步行的曼利」是那些與世隔絕的人們對他的暱稱。他受到熱烈的歡迎，他不但是惟一和他們接觸的保險業務員，更是外面世界的象徵。除此之外，他還免費教他們理髮和烹飪，經常受邀成爲座上賓，享受佳餚。在短短一年内，他的業績突破了百萬美元，同時享受了登山、打獵和釣魚的無限樂趣，把工作和生活做了最完美的結合！

富蘭克林強調：不論一個人現在如何，用積極的心態去行動，就能達到理想的境地，創造人生的輝煌。

6.痛下決心，剷除拖延的惡習

每個人在自己的一生中，都有著種種的憧憬、種種的理想、種種的計畫，如果能夠將這一切的憧憬、理想與計畫，迅速地加以執行，那麼在事業上的成就不知道會有多大。但是，人們往往有了好的計畫後，不去迅速地執行，而是一味地拖延，以致讓一開始充滿熱情的事情冷淡下去，使強項逐漸消失，使計畫最後湮滅。

拖延的習慣往往會妨礙人們做事，因爲拖延會摧毀人的創造力。其實，過分的謹愼與缺乏自信都是做事的大忌。有熱忱的時候去做一件事，與在熱忱消失以後去做一件事，其中的難易苦樂要相差很大。趁著熱忱最高的時候，做一件事情往往是一種樂趣，也是比較容易的；但在熱情消滅後，再去做那件事，往往是一種痛苦，也不易辦成。因此，作什麼事情，只停留在嘴上是不夠的，關鍵要迅速落實在行動上。

富蘭克林說：「如果我要完成一件事情，我就得立刻動手去做，空談無益於事！」這句話可謂放之四海而皆準。

但是，總有一些喜歡拖延的人。他們經常閒談、喝咖啡、削鉛筆、閱讀書報、處理私事、清理文具、看電視以及做其他小事，很少花時間幹正事。拖拉的人心情不會愉快，總感到疲乏，因爲應做而未做的工作給他帶來壓力。拖延並不能節省時間和精力，相反的，辦事拖拉的人疲於奔命，會白白浪費寶貴的光陰。

辦事拖拖拉拉，很難在事業上有所成就，不僅如此，更重要的是拖拉的惡習也會使人品大打折扣，因爲沒有人會相信一個作什麼都拖拖拉拉的人能守信。

惟有按照既定計劃去執行的人，才能使別人景仰他的人格。其實，人人都能下決心做大事，但只有少數人能夠徹底地去執行他的決心，也只有這少數人是最後的成功者。

機會是稍縱即逝的，所以應該及時抓住，不能拖延。因爲拖延有時會造成無可挽回的悲慘結局。

凱撒就是因爲接到報告後沒有立即閱讀，遲延了片刻，結果竟喪失了自己的性命。當時，曲侖登的司令雷爾叫人送信向凱撒報告，華盛頓已經率領軍隊渡過特拉華河。但當信使把信送給凱撒時，他正在和朋友們玩牌，於是他就把那封信放在自己的口袋裏。等他讀完信，去召集軍隊的時候，已經太晚了。最後全軍被俘，連他自己的性命也丟掉了。就是因爲這數分鐘的遲延，凱撒竟失去了他的一切！

沒有別的習慣會比拖延更有害，也沒有別的習慣比拖延更能使人懈怠了。富蘭克林強調：最大的成功並不屬於那些嘴上說得天花亂墜的人，也不屬於那些把一切都設想得極其美妙的人，而是屬於那些最腳踏實地去作的人。

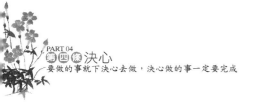

7. 克服人們最常見的弱點：因循和寡斷

因循和寡斷，是人類弱點之中最合乎人情的。但是，正因爲它們是合乎人情、沒有危險、不犯國法，所以無形中因它們所耽誤的事情而引起的苦惱，實在比明顯的罪惡所加害於人的更厲害得多。世上盈千累萬雖然活著但實同草木一樣的人，只因爲在事情臨到緊急的時候，都沒有當機立斷，而任其耽誤下去。許多男女過著孤單的生活，只因在應當結婚的時候，沒有決斷結婚，因而耽誤下來了。更有許多過著貧苦生活的人，只因爲應當創富的時候錯過了機會，因而耽誤了下來。每天總有許多的金錢，耗損在人們的因循和寡斷上面。

心理學上對於寡斷的特性怎樣解釋呢？就是維持自尊和表面。有一位著名的精神病專家曾經說過，人們都戴了假面具度過一生。那假面具不但希望別人喜歡看，自己看了也很得意。

人們爲什麼要戴假面具掩飾自己的本來面目呢？因爲人們從小就感到自己是弱小的、低劣的，所以要用假面具來支持生活。自己越是感覺低劣，所戴的假面具也越是魁偉。但是，人們的假面具越是魁偉，維持生活便越是困難，這是必然的事。不是嗎？那又高又大的人，戴巨人的假面具，比起那又矮又小的人戴巨人的假面具就方便得多。因爲那矮小的人，足登高跟鞋，頭戴高頂帽，雙肩塡高，依然常處於更大的危險之中。若一旦被人發現假面具，勢必被撕破；於是他便失了面子，不再爲人所信任。這個假裝巨人的小人的地位，豈不很難堪嗎？

生活上有許多困難的問題，需要我們用全部能力、勇氣和訓練去解決。所以我們必須使我們的心境明晰、眼光銳利、手足靈活，才可以應付這些困難的境遇。當這些困難的問題臨到了那假裝巨人的小人的面前時，他怎樣辦呢？不用說，他必定心慌意亂、手足無措、難以決斷，終於因循敷衍了事。

因循和寡斷這兩種特性怎樣結合起來呢？舉一個例子來說明：

一個假扮巨人的小人立在街角，同時有一個小孩正在街上遊戲。忽然間，那個扮巨人的小人看見一匹驚馬，以非常危險的速度，直衝到這條街上來。這顯然是萬分危急的境遇，是需要勇氣、自信、獨立的思想和行動的。那扮巨人的小人的社會感情鼓動他去營救小孩，而他的假面具卻阻止他去，因爲如果他衝到街心中去救那小孩，他勢必要失去做巨人的一切面具，而露出他的眞面目來，有被人證明他只是一個小人的危險。

這個可憐的假扮巨人的小人，介於作正當事情和維持假面具的兩種欲望之間，左右兩難、不能立斷。同時，他那假面具又要支持他那巨人的資格——因爲倘是一個巨人，在這個時候，他是應當勇敢地跑到街中去勒住那驚馬的——所以他要做一些表面活動。於是他不知道先移右腳還是先移左腳，只見他的面上露出十分苦惱的神情，右腳上前一步，隨後又縮了回來，左腳上前一步，也照樣縮了回來，看去似乎很緊張很忙碌，實際上卻並沒有幹什麼。那驚馬快要衝近那小孩了，他更覺心如刀割、萬分痛苦。然而結果怎樣呢？道德的呵責雖使他的良心不安，但是維持假面具的欲望終於戰勝了救那小孩的欲望。

幸而那驚馬沒有踏著小孩，危險算是過去了，但是，現在怎樣呢？他——假扮巨人的小人——歎一口長氣，放下心來了，他的道德心得了安慰了，於是他自言自語，現出得意的神情，妄自尊大地說道：「我本要救助那孩子的！」這樣，他的假面遂得以保全。

如果不是這樣的美滿，那狂奔的馬踏傷了小孩，他又怎樣呢？這時候，他或許會跑到街心去，藉以表示他的好意和哀憐，不但有了道德上的安慰，假面具也並不曾戴歪。

這個例子，便充分說明了寡斷和因循的眞相。

人生在世，總有必須要應付的困難問題，只有能夠當機立斷，負得起責任的男女，對於任何危急的局面，才能應付自如。那些只想把今天應該做的事推到明天去的小人，那些對於

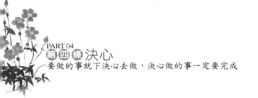

日常生活絲毫無決斷的小女人，實在是逃避生活，所以只有憂慮而得不到人生的快樂，最後只得在精神崩潰之中，找到他們惟一的出路。

對於每一個困難問題臨到面前的時候，應當照它的情勢謀取適當的解決，即使做錯了也無妨。一個錯誤的解決辦法，一種錯誤的行為，比之那全無決斷、全無行動，要好上千倍，因為雖然做錯了一件事，但在生活的經驗上卻得到了最有益的教訓。因循敷衍、不肯下決斷的人，自以為保全了自己的面子，實際上只是自欺欺人罷了。

8.絕不做半途而廢的人

人人都有倒楣的時候，諸事不順，做什麼都不對，好像全世界都合起來和自己作對……但這也正是自己發揮意志力，強迫自己往前衝的時候。很多人都丟過客戶、丟過飯碗、失去心愛的人，甚至被伴侶背棄等等。但是正因爲經過這麼多波折，他們才能有堅強的毅力與意志，有支持下去的活力和勇氣，當然，他們也的確咬著牙走了下去。在逆境中成長，就得不做半途而廢的事。

人生常有事不如意，難免有跌落谷底的時候，要是自己還沒碰到這種事，那麼問自己：要是發生了，會怎麼辦？放棄嗎？絕不！

經歷一次失敗，不代表滿盤皆輸。要是放棄了，人生還有什麼樂趣可言？放棄只是方便的脫身之道。再說，就這樣半途而廢了，還有什麼路可走？還能做什麼？重要的是思考事情發生的前因後果，思考怎麼才能從錯誤中吸取教訓？

當碰上失敗時，應該分析所犯的錯誤，找出哪裡做錯了？爲何做錯？想想下一回該如何改進？從失敗中吸取教訓，再試一次！一個人要被失敗打倒，半途而廢、放棄是最簡單的做法。

再看看那些成功的人士吧，他們大都很有毅力，絕不半途而廢。當他們接下某個項目、某個任務，他們會貫徹始終，直到做完爲止，絕不輕言放棄。他們的毅力和決心，來自於堅強的意志力，他們的心態就是：「我要完成它！」

理查．霍伯格（H.Richard Hornberger）是位著名的美國胸腔外科醫師，在韓戰期間，擔任陸軍軍醫隊的隊長。退役後，他開始寫戰爭小說，整整花了十二年，才寫了三本，但他的作品卻一再遭出版社退稿。最後威廉莫若出版社（William Morrow）終於在一九六八年出版了他的作品《野戰醫院》（M＊A＊S＊H）。至於其他那兩本，就沒人再提起了。沒想到，《野戰醫院》一炮而紅，被拍成電影，並成爲一九七〇年第三大賣座電影，後來又被改編爲紅遍全美的電視劇。

富蘭克林指出：人生充滿了無限的可能。但是要成功，就必須有夢想、有計劃，有決心不怕各種阻撓，不做半途而廢的人。

第五條 節儉

PART 05

不得浪費，任何花費都要有益，不論是於人於己

簡而言之，致富之路，就像去商店的路一樣清楚。
那主要是靠兩件事，就是勤奮與節儉；也就是說，
既不浪費時間，也不浪費金錢，把兩者儘量善用。
不勤奮、不節儉，什麼都做不成；
而能勤奮、能節儉，就什麼都做得成。
凡是能獲得的東西都誠誠實實獲得，
又把獲得的東西節省下來（必用者除外）的人，
一定能致富——當然，這也需要上天的祝福。
如果你知道如何支出少於收入，你就有了點金術。
注意小筆開支，小漏是可以沉大船的。

1.節儉是你一生一世受用不盡的利益

富蘭克林認爲：節儉是一個人所有美德中最純樸的品質，它能使人具有自立的力量。節儉能夠使一個年輕人站穩腳跟，能使他鼓起巨大的勇氣、振作精神，拿出全部的力量，來達到成功的目標，獲得豐厚的利益。

班傑明．富蘭克林堪稱一生節儉，他說：「有許多人來向我請教成功的訣竅，我告訴他們，最重要的就是節儉。」綜觀歷史偉人與那些成功者，大都有節儉的好習慣。任何好朋友的援助、支持，都比不上持之以恆的節儉。

富蘭克林年輕時，在一個印刷廠裏學技術。那時候他的家庭經濟狀況很好，但他父親要求他每月付給家裏一筆住宿費。一開始，富蘭克林覺得這樣太苛刻了，因爲他當時每月的收入剛夠這筆住宿費。但是，幾年之後，當富蘭克林準備自己開設印刷廠時，他的父親把他叫到跟前，對他說：「孩子，現在你可以把每年陸續付給家裏的住宿費拿去了。我這樣做的目的，是爲了能夠讓你積蓄這筆錢，並非眞的向你要住宿費。好啊，現在你可以拿這筆錢去發展你的事業了。」富蘭克林到此才明白父親的一番苦心，對父親的賢明感激不盡。也許正是父親的這種節儉精神，啓蒙並激勵了富蘭克林，使他最終成了當時美國印刷業的巨頭。

由此可看出，養成節儉和儲蓄的習慣，將來才有希望享受到成功與財富帶來的利益。當今，有很多年輕人認爲節儉是一種很不體面的行爲，這眞是一種荒唐不堪的觀念。爲什麼一定要把金錢胡亂揮霍掉呢？這難道算體面嗎？如果人們能把每一塊錢都用在最恰當的地方，不是更「體面」嗎？茫茫宇宙中，沒有一樣東西是無用的，是可以隨便糟蹋的，對於寶貴的金錢，難道就可以隨隨便便胡亂地糟蹋嗎？

人們須明白一個道理：節儉其實是一件很簡單、極易行的事情，誰都可以立即去實行。誰願意處於窮困的境地？誰願意一生屈居人下、不得翻身？沒有人願意，那麼就一定要養成節儉的習慣。

富蘭克林說得好：「節儉是人一世受用不盡的利益。」反之，一個負債累累、愁容滿面的人，是無權享受這一巨大利益的。對於負債的人，也應小心迴避才好。因爲他可能會跑來侵蝕別人的精力、消磨別人的志氣、損害別人的意志、阻礙別人的事業。

2.簡樸的生活是洞察世界後產生的美感

富蘭克林認為：簡樸的物質生活，往往能孕育出如寶石般瑰麗的思想；舒適和安逸則常常導致頭腦的懶惰。他說：「簡樸不但是思想的導師，也是風格的導師，它使精神和肉體都知道什麼叫淡泊。」

古今中外的有識之士，大都善以簡樸來充實自己的人生。

德國出生的美籍物理學家愛因斯坦成名以後，有一次，比利時國王和王后邀請他到王宮去做客。為了表示誠意和尊重，國王按約定的時間，派車到火車站去接他。火車到站了，乘客們紛紛走出站臺，司機到處尋找這位大科學家，他想：如此享譽全球的大人物，一定是一位衣冠楚楚、很有風度的教授。可是，直到旅客們全散盡了，他也沒有找到心目中那個偉大的影子。無奈，司機只好空車而回。他對國王說：「教授今天沒來。」國王和王后非常疑惑。半個小時後，愛因斯坦步行來到了王宮。只見他穿著滿是灰塵的破雨衣，腳上是一雙舊皮鞋。大家誰也沒想到，這就是聲名赫赫的愛因斯坦。

俄國偉大學者羅蒙諾索夫成名後，衣著十分簡樸。一次，一個專愛講究衣著、不學無術的人，看到羅蒙諾索夫衣袖的肘部有個破洞，便挖苦地說：「從這兒可以看到你的博學嗎？羅蒙諾索夫。」羅蒙諾索夫巧妙地回答：「一點也不！先生，從這裏可以看到你的愚蠢。」

德國偉大的哲學家，被人誇爲才華橫溢、知識淵博的黑格爾結婚時，用採擷來的各色野花點綴新房，他的婚禮辦得又高雅又簡樸。

法國總統戴高樂生前立下遺囑：「不要富麗堂皇，只要去科隆貝——雙教堂村（他的出生地）的小墓地，舉行一個簡樸的、不驚動人的儀式。」一九七〇年十一月九日，這位拯救了法國的英雄去世了，後人按照他的遺囑，買了價值僅爲七十二美元的橡木棺材將他安葬。他的靈柩由村子裏的一個乳酪製造工人、一個農民、一個屠宰工人與助手抬著，送到村裏的墓地。他的墓碑上寫著「夏爾．戴高樂，一九〇八～一九七〇年。」葬禮一點也沒有對他生前的豐功偉績進行宣揚，一點也沒有與他的偉大業績相應的豪華排場。

但是需要注意的是，簡樸完全不同於吝嗇。正是由於簡樸和節儉，才能使一個人更加慷慨大方地面對社會，面對他人。看看諸多富起來的大老闆，他們不把金錢作爲自己崇拜的偶像，而只是把它當作造福社會的有用之物。他們在創造物質財富的同時，不忘創造精神財富，這是一種品德，也是一種智慧。

簡樸不是生活小事，而是智者洞察世界後產生的美感。這些淡泊物欲享受的人，與其說他們懂得享受樸素，能保持淡泊寧靜、利於致遠的境界，毋寧說是崇高偉大的追求，使他們自然而然地選擇了與之和諧的樸素的生活。

今日世風，與樸素已甚不和諧，結婚比高檔，葬禮比排場，生活比豪華，比來比去，比的是無知和愚昧，這些人哪裡懂得「志從肥甘喪，心以淡泊明」？珍惜一粒糧、一滴水，不搞鋪張浪費，將自己多餘的福分分給別人，把更多的資源留給後代，同樣也是一種節儉美德。其實，眞正的簡樸，不一定必在艱苦之中，在智者的眼裏，不艱苦時的簡樸，才是更爲難得的簡樸，其價值連城，將惠及人生、惠及社會。

3. 該花的絕不吝嗇，不該花的絕不要花

富蘭克林認爲：對於擁有不同財富的人，在如何對待金錢上，則有著鮮明的反差。這究竟是一種什麼反差呢？他說：「許多富有的人，不會鋪張浪費、揮金如土；錢少的人則往往喜歡打腫臉充胖子來擺闊氣。」

美國成功學大師卡耐基，常這樣對他的學生們說：

「我認識一位大富翁，擁有數百萬的財富。每次他們全家出外旅行時，穿的都是輕便的牛仔裝、球鞋。他們並沒有感到寒酸或丟人現眼。可相反的是，很多從國內出外旅遊的觀光客們，經常是穿金戴銀的，好像惟恐天下人不知道他（她）很有錢似的。殊不知，這樣一來，這些遊客正好成了扒手們最好的行竊對象。」

「事實上，許多有錢的人往往不在乎使用廉價物品；沒有錢的人卻生怕使用廉價物品會降低了他們的身分。這種心態可以說是人類的一種悲哀。」如果讓虛榮心這個鬼傢伙控制了你想花錢的欲望，那麼你所做出來的事絕對是愚蠢的。

在花錢上，有些人一味吝嗇，什麼開支都想省下來，本來要開支一百美元的，總想用八十美元對付過去，結果錢沒少花，還給人留下不好的印象。一些精明的人，該開支的，大大方方拿出來，絕不顯吝嗇相，而是表現出豪氣沖天之氣派。錢花得自然有效果。對於不該花的錢，他絕對是鐵公雞一個，一毛不拔。這才是地道而有出息的精明人。

俗話說：「小富在儉，大富在天。」意思是小富必需靠勤儉，大富靠把握機遇。在通常的情況下，大富都是從小富開始的，否則，即使遇到好的發財機會，也往往會因爲沒有最起碼的資金而眼睜睜地看著機會擦身而過。在現實當中，即使是豪富巨賈，他們和他們的公司也是非常注意杜絕浪費的。

松下電器如今風靡全球，但誰能料想它是靠製造和銷售雙頭插座而發展起來的呢？這都是松下專心致志、勤奮工作、千方百計努力降低成本，以及不斷發明創新、立志向上的心血結晶。

當公司只有二十來名從業人員的時候，松下自己去東京推銷雙頭插座，然而到後來，單靠自己去東京已經不夠了，所以他派十七歲的井植歲男常駐東京。

說是常駐人員，但因爲沒有充裕的時間來籌建辦公室，只好暫住別人家中。於是井植在早稻田附近的學生宿舍落了腳。此後每天大清早就往東京市內跑，有訂單馬上就向大阪彙報。

井植借住的學生宿舍，夏天一到，蚊子就多起來了。於是他買了一床三日元多的麻制蚊帳，向公司彙報後，不料馬上接到的便是松下嚴厲的批評信：

「想想現在的松下電器具製造所和你的身分，我不管是什麼理由，用三日元買一個蚊帳是不行的，一日元左右的棉蚊帳就應該足夠了，奢侈是絕對不允許的！」

從這件事中，能眞切地體現出松下在創業中的那種嚴格、勤儉與樸素的風格，以及一個艱辛創業的人應有的品格。

世界首富比爾．蓋茲，其賺錢的能力與賺錢的速度都堪稱世界第一，他僅用十三年時間，就積累了富可敵國的龐大資產。但他不僅會賺錢，更會花錢。有一次，他和一位朋友同車前往希爾頓飯店開會，由於去遲了，以致找不到車位，他的朋友建議把車停在飯店的貴賓車位。「噢，這可要花十二美元，可不是個好價錢。」蓋茲不同意。「我來付。」他的朋友說。「那可不是好主意。」蓋茲堅持道，「他們這是超值收費。」由於蓋茲的堅持，汽車最終沒停放在貴賓車位上。

到底是什麼原因，使一個身價近千億美元的蓋茲，不願多花幾元錢將車停在貴賓車位呢？原因很簡單，蓋茲作爲一位天才的商人，深深懂得花錢應像炒菜放鹽一樣恰到好處。大家都知道鹽的妙用，鹽少了，菜淡而無味；鹽多了，苦鹹難嚥。哪怕只是很少的幾分錢，也要讓每一分錢發揮出最大的效益。

富蘭克林強調：一個人只有當他用好了他的每一分錢，該花的絕不吝嗇，不該花的一毛不拔，他才能做到事業有成、生活幸福，對社會、對人類做出貢獻。

4.最有效的節儉方法，就是把錢存入銀行

富蘭克林說：「致富的惟一方法，是賺得多、花得少。」他還說：「如果你不想因有人討債而氣惱，想不受饑餓和寒冷的痛苦，那麼你最好與『忠、信、勤、苦』四個字交朋友。同時，不要讓你賺得的任何一分錢，從你的手中輕易地流走。」

所以，一個人若想獲得財富，首先要善於克制自己的欲望，節儉必不可少。我們經營事業的資本，往往有賴於自己往日的積蓄，舉債創業總是一件比較危險的事情。

通常，人們習慣於把吝嗇看成節儉的孿生兄弟，這其實是一個很大錯誤。實際上，節儉的眞正涵義是：當用則用，當省則省。也就是說，花費要恰到好處。但吝嗇的涵義卻不同，它是指「當用的不用，不當省的也要省」。

英國著名文學家羅斯金說：「通常人們認為，節儉這兩個字的涵義應該是『省錢得法』，其實不對，節儉應該解釋爲『用錢得法』。也就是說，我們應該怎樣去購置必要的傢俱；怎樣把錢花在最恰當的用途上；怎樣安排在衣、食、住、行，以及生育和娛樂等方面的花費。總

而言之，我們應該把錢用得最爲恰當、最爲有效，這才是眞正的節儉。」湯瑪斯．利普頓爵士說：「成功者大都有儲蓄的好習慣。任何好朋友們對他的援助、鼓勵，都比不上一個薄薄的小存摺。惟有儲蓄，才是一個人成功的基礎，才具有使人自立的力量。儲蓄能夠使一個年輕人站穩腳跟，能使他鼓起巨大的勇氣，振作全部的精神、拿出全部的力量，來達到成功的目標。如果每個年輕人都有儲蓄的習慣，世界上眞不知要少多少個傷天害理的人。」

美國巨富約翰．阿斯特在晚年說，如今他賺一百萬美元，並不比以前賺一百美元難。但是，如果沒有當初的一百美元，也許他早已餓死在貧民窟裏了。

許多人只因為用錢沒有計劃性，一點也不算計一下，所以，就在不知不覺中，使大量的錢財無謂地從指縫裏流走了。

有許多年輕人，習慣於把所有的錢都帶在身邊，這樣往往就造成了他們隨時隨地胡亂揮霍、毫無節制。固然，錢存在銀行裏以後，要用起來就沒有帶在身邊那樣方便，但這種做法太不明智了，因爲習慣把錢放在身邊的人，往往在用錢方面會失去控制。

所以，節儉的惟一有效方法，就是把所有的錢存入銀行，這樣一來，等用錢時就必須到銀行去取，這時就會考慮這筆花費是否值得、能否節省。

富蘭克林強調：節儉不但節約的是金錢，而且是人生，節儉能使人生活得更有價值。

5.未雨綢繆：養成儲蓄的習慣

富蘭克林認爲：當一個人養成了儲蓄習慣的時候，猶如擁有了一塊完美而又寶貴的璧玉，這塊璧玉將成爲自己擁有巨大財富的第一塊基石。

邁克是美國成功學大師卡耐基的學生，可是他的錢總是花得光光的，他感到很苦惱，有一天，他找到了老師卡耐基。

卡耐基在林丘的水塘邊和邁克談起了他自己的經歷：

「早年，我在密蘇里州的玉米田和牧草地裏幹活，那地方的環境，在浪漫主義詩人們看來，肯定洋溢著詩情畫意。但是，當年對於我來說，那兒簡直像是魔窟。我必須從事高強度的體力勞動，每天不得低於十個小時，每到晚上，骨架都累得快要散掉。付出這樣繁重的勞動，每天所得卻很有限！

「生活實在是太艱辛了。爲了節省五分錢的電車費，我不得不步行十幾里路。

「法國作家雨果說：『貧窮使男人潦倒，使女人墮落，使兒童羸弱。』怎樣才能擺脫貧窮呢？我當時想：假如有一份存款，那就好了。於是，我用步行了二十天省下來的一美元電車費，在附近的銀行裏開了一個户頭。

「我的心境頓時爲之豁然了：我有存款啦！於是，我有了一種踏實感，覺得有了存款就有了希望，有了著落。

「十天後，我又往帳户裏存進了一美元。就這樣，我不間斷地每隔二十天存一次，每次都是不乘電車省下來的五美分。一年下來，我的存摺上便是十八美元了。

「當時，我正需要五十美元的款項。五十美元，對於每天收入只有五毛錢的我而言，難道不是一筆金額驚人的鉅款嗎？五十美元太遙遠了，於是我把目光停落在三十美元上。又過了一段不算短的時間後，我的存摺上出現了三十美元。接著又一步一步地走下去，最後終於存到了五十美元。」

邁克聽得入了迷。他一聲不響地望著卡耐基，聆聽著。

卡耐基繼續說：「所以，爲了實現一個大的目標，不妨將它分成若干個小的目標，分步驟、分階段地一個一個地完成，這樣能給人一種心理上的現實感、踏實感，堅定人的信心。沒有小目標而直接盯著大目標，就會使人產生渺茫、遙遠的感覺，從而產生很多障礙性的因素。

「我聽說，在中國，共產黨的紅軍在長征途中，士兵們就是盯著他們前方的一棵棵樹，下定決心：『一定要走到那棵樹那兒！』就這樣一棵樹一棵樹地走下去，他們最後走完了兩萬五千里的征途。

「一位從事自由撰稿的作家曾經對我說，每當和出版商簽約後，面對著數百頁稿紙，不免心頭緊張，擔心不能按期交稿。但是他又轉念一想，只要每天寫一、二十頁稿紙，那麼不出一個月就能寫完一部書。於是，他心情輕鬆愉快地投入寫作，果然在一個月之內，就順利完成了書稿。」

卡耐基總結說，「存款也是這個道理。不要死死盯著一個天文數字般的金額不放，只要堅持不懈地實現一個又一個的小目標，日積月累，存下一大筆錢是不成問題的。相信你的老鄰居也絕不是三年五載，更不是一朝一夕就存了十萬美金的。他是在數十年的歲月中，用涓涓細流彙成大海的呀。」邁克點頭表示贊同。

卡耐基最後說：「當我們存錢的時候，不妨恪守這樣一條準則：如果你想存十萬元，那麼應先以在一萬元爲目標。一筆筆較小的存款，積累起來就成了一筆較大的存款。一萬元、又一萬元，積少成多、聚沙成塔。一下子就存足十萬元，那是一般人不可能辦到的。」

但是在通常情況下，一般的工薪族是很難下定決心在銀行裏存一筆鉅款的。同時，即使有了這種雄心，也由於一直不能存滿預期的數額而喪失信心，終致於使存款藍圖化爲泡影。

紐約曼哈頓區某公司的一位職員，名叫拉爾夫，在參加卡耐基課程以後，曾就這個問題請教卡耐基。

他告訴卡耐基，他一直希望能存足五萬美金。曼哈頓的這位白領上班族，當時的年薪爲二萬美元。他說：「我原計劃每年存入一萬美元在銀行裏，五年時間即可存足五萬美元。可是，從目前的情形來看，這個計畫恐怕是要泡湯的了。」

拉爾夫是怎樣的情形呢？

第一年，他實現了自己的計畫，銀行的帳戶裏有了一萬美元。他很是興奮，因爲他覺得在未來的幾年内，五萬美金的存款額是有戲的了。

但是，在第二年，拉爾夫由於時常出入於比較高級的娛樂消費場所，二萬美元的年薪所剩無幾。於是，存摺上仍然是一萬美元。

第三年，拉爾夫狂熱地追求一位白領麗人，爲了博得她的芳心，他不惜一切代價，美鈔像流水一般花去了。這一年的薪水給花了個精光。此外，他還從存款中取出了六千美元，以填補當年的「財政赤字」。

第四年，他的年薪和銀行的積蓄全耗光了，還借了五千美元的債款。結果，他苦苦追求的那位女郎，還是讓一位財大氣粗的花花公子「獵獲」去了。

現在已經是第五個年頭了，拉爾夫不但存不了款，只要能還清欠債，他就謝天謝地了。拉爾夫爲此而非常苦悶。他請求卡耐基爲他指點迷津。

「拉爾夫，我們做任何一種事情，都不能沒有一個具體的目標。」卡耐基對他說，「你能確定五萬美元的存款額爲你的目標，這一點是相當值得注意的。事實上，爲數不少的人是連這一點都做不到的。」

無可置疑的是，卡耐基對學員的指導是十分熱情的，對於他的課程，羅威爾．湯姆斯曾作過這樣的評說：

「這門課程是集公眾演說、行銷關係、人際關係以及心理學爲一體的、獨一無二的一個驚人的組合。該課程如同痲疹般眞實，但是趣味性更富於痲疹兩倍以上。」

在課程內容以外，卡耐基也盡可能地爲學員們在各方面提供指導。在金錢問題上，他提出了相當寶貴、有益的觀點和建議。

「但是，拉爾夫，」卡耐基繼續對他這位白領階層的學員說，「制定了目標還只是剛剛開頭，更需要我們不折不扣地去執行既定的計畫、實現既定的目標。否則，這個目標就是一個肥皂泡，毫無價值可言。」拉爾夫不好意思地低下了頭。

「聽君一席話，勝讀十年書。」

卡耐基繼續對拉爾夫闡述他對存錢的一些見解：

「當存款達到在你心目中比較大的一個額度時，比如既定的那個目標——五萬美元，你就會覺得它是一塊完美又寶貴的璧玉。於是，你會小心翼翼地呵護著它，怎麼也不忍心損害它一丁點。這塊『完璧』將成爲你所擁有的巨大財富的第一塊基石。

「然而，值得特別注意的是，當這塊『完璧』尚在形成之時，人們往往忽視了它的魅力，從而不去珍惜它，甚至隨心所欲地拆用它的零件，使其成形艱難。」

卡耐基和他的夫人姚樂絲在財富問題上有其共識。他們認爲，擁有財富的關鍵性條件在於兩點：一是勤奮的工作，二是堅強的自我約束力。而其他諸如機遇、遺產、智商，都只是爲你提供可能性，並不是決定性的因素。

按照卡耐基夫婦的觀點，一個人無論擁有多少財富，如果揮金如土，也就等於零。他們不認爲花天酒地、大肆揮霍、住豪華別墅、乘高級轎車的人，就一定是富有者。因爲收入並不意味著就是財富。即使你一年賺一百萬，但隨即又將它們花光，你仍舊不可能富有。

「所以，在你的存款還未到達既定目標之前，千萬不要去取用。」卡耐基最後對拉爾夫說。

三年後，卡耐基收到拉爾夫的一封信：

親愛的卡耐基先生：

今天，當我懷著激動的心情在銀行裏存入三千美元的時候，我的存款額達到了五萬美元！我的內心感受簡直是無法形容的。我無論如何也要呵護好這個迷人的「寶貝」；而且，我還將塑造下一塊「璧玉」……您的拉爾夫

富蘭克林強調：儲蓄的習慣是走向巨富的鋪路石，養成這個好習慣，才能使人生更加完美。

6.不恰當地花錢就是浪費

富蘭克林認爲，每個人都應該懂得金錢的價值，學會明智的消費，如果年輕時不學會這一點，在以後的生活中，就會遇到難以在社會上生存下去的重大問題。他說：「注意小筆開支，小漏將會沉大船。」

幾年前，美國一家報紙曾報導過這樣一位出手闊綽的富人，他和別人一樣，先是賺了很多錢，但是很快又愚蠢地花掉了。一篇報導登出了如下從印弟安納波里斯拍來的電報：

「在英格蘭大酒店裏，匹茲堡的弗蘭克·福克斯先生用一張五十美元的鈔票擦完臉後，就把鈔票扔到地板上。然後他從口袋裏的鈔票中抽出一疊扔到吧臺上，說道：『夥計，給我一杯酒，快點！要不我就買下整個酒店，然後炒你的魷魚！』」

人們很容易就能猜出這個人最後的命運。

有一個年輕人繼承了巨額財產，他沉醉在自己愚蠢的幻想中，以爲自己就要成爲一個偉大的金融家了，並試圖投資於各種有價證券。結果，他落入了狡詐的推銷商的圈套，那個推銷商很快就發現他容易輕信別人。最後，等到那個年輕人醒悟過來時，所有的錢都已經消失得無影無蹤了。直到破產以前，他還以爲自己在賺錢呢！當他失敗時，才發現他所有的有價證券都不過是廢紙一堆，幾乎沒有一種證券是有頭腦的商人願意投資一分錢的。

一個白手起家的百萬富翁說，在紐約一百個賺錢的人中，沒有一個能留得住錢的。這可能有點誇張，但人們知道，確實很少有人能把賺到的錢存下來，他們很難抵制伴隨著金錢而來的種種誘惑。

在消費過程中，奢侈浪費的典型犧牲品是那些善良、隨和、慷慨的人。他們總是樂於請人吃飯、喝酒。慷慨大方使他們的錢來去匆匆，總也留不住。

這種人的出發點是好的，但是毀了自己，也害了他的親人，因爲他不能給自己家庭的未來提供保障。他如果有錢，任何人只要開口，就可以借到他的錢。如果碰巧沒有錢，他也會借錢給朋友。結果他的家人都成了他揮霍浪費的犧牲品。

在消費過程中，最容易被普通人忽視的品質就是簡樸。人們往往賺錢在先，但是賺到錢以後，大多數人似乎沒有辦法學會儲蓄。人們總是以各種愚蠢的方式，令人難以置信地花光了所有的錢。

有些人表面上穿的是綾羅綢緞，戴的是金銀珠寶，坐的是豪華轎車，肚子裏卻是「一包稻草」。一個人要穿舒適的衣服，但同時也要培養自己自尊的品格、好學而健康的頭腦和美好的性情。把金錢和時間花在更具有持久影響力的事情上，將會使你變得更大氣、更莊重、更純眞。進行自我投資來提升自己，把錢花在追求更高的目標方面，你一定會獲得極大的滿足。

有選擇性地在最有價值的事情上進行投資，這是一種有益的消費和積極的生活方式，將會使人活得誠實、簡樸而有價值，最終會得到幸福和滿足。

有些人收入不高，但花起錢來可眞是愚蠢之極。他們會爲了買只有富人才買得起的古玩和衣服，把所有的錢都花光，但等到買眞正的生活必需品時卻身無分文。

富蘭克林告誡青年：「不恰當地花錢，就是浪費。」所以，爲什麼不記住這句修身的格言，從中學到聰明和智慧呢？

7.揮霍無度將斷送自己的前程

富蘭克林認為：任何人都必須根據自己的收入狀況來決定生活支出，這是一條人類生活的規律。如果揮霍無度、入不敷出，毫不珍惜錢財，可能斷送其一生。

若想獲得財富，就要善於克制自己的欲望，自我克制的力量必不可少。無論你收入多少，你總要量入為出，能節省的地方就要儘量節省。

有些年輕人往往把他們本來應該用於發展事業的必備資本，用到時髦的嗜好或娛樂方面。如果他們能把這些不必要的花費節省下來，積少成多，數量一定大為可觀，可以為將來發展事業奠定一個資金上的基礎。

有些年輕人之所以一踏入社會，花錢就如流水一般，胡亂揮霍，是因為他們似乎從不知道金錢對於將來事業的價值。他們胡亂花錢的目的，好像是想讓別人說他們一聲「闊氣」，或是讓別人感到他們很有錢。

這樣的年輕人一旦用錢把場面撐起來後，一切煩惱苦悶的事情就會接踵而至。為了顧全面子，他們就再也不能過節儉的日子了，他們也不會認識到自己已經淪落到什麼樣的地步了。有些人，入不敷出後，就開始動歪腦筋，挪用公款來彌補自己的財政缺口。久而久之，耗費越大、虧空也就越多，慢慢地就陷入了罪惡的深淵，難以自拔。爲了滿足這種喜歡花架子、空排場的惡習，不知有多少人到頭來要挨餓，甚至因此丟了性命，更有無數人因此而丟失了職位！

關於這個問題，有位作家說：在我們的社會中，「浪費」兩個字不知使人們失去了多少快樂和幸福。浪費的原因不外乎三種：

一是，對任何物品都想講究時髦，比如服飾、日用品、飲食都要最好的、最流行的，生活的一切方面都越闊氣越好。

二是，不善於自我克制，不管有用沒用，想到什麼就去買什麼。

三是，有了各種各樣的嗜好，又缺乏戒除這些嗜好的意志。

總結起來就是一個問題，他們從來沒有考慮過要加強自身的修養、克制自己的欲望。造成現在社會上事事追求浮華虛榮的最大原因，就是人們習慣於隨心所欲、任性爲之的做法。

當然，節儉不等同於吝嗇。然而，即便是一個生性吝嗇的人，他的前途也仍然大有希望，但如果是一個揮金如土、毫不珍惜金錢的人，他們的一生可能將因此而斷送。

8.要節儉，但也要避免過度不當的節省

富蘭克林說：「有幾種節儉是不合算的，比如忍著痛苦求節儉就是一個例子。」節儉是好事。但如果一個人節儉得不是地方，他就成了一個節儉的奴隸。比如，某人老是爲了節省幾分錢而犧牲大好光陰，他常把半面未曾寫過字的信紙撕下來，並裁下信封的背面，作爲稿紙。他這種浪費寶貴的時間去節省細小東西的做法，實在是得不償失。還有的老闆在經營的時候，也有這種過度節省的吝嗇行爲。他會對雇員們說，包裝時無論如何都要節約一些繩子，並把這一條作爲公司的規定。雖然由於這一條規定而浪費的時間，要遠遠超過一根繩子的價值，但他仍然在所不惜。像這一類的節省，其實是極度愚蠢的做法。

只有少數人懂得節儉的真正意義。真正的節儉並非吝嗇，而是經濟地、有效率地節省用度；並非一毛不拔，而是用度得當。

善於節儉的人與不善節儉的人，其實有很大的不同。那些不善節儉的人，往往爲了節省一分錢的東西，卻費去價值一角錢的光陰。吝嗇的節儉其實是最不合算的。而準備做大事業

的人，一定要有度，不可斤斤計較一分一厘。

所謂節儉，從寬泛的角度講，包含了深謀遠慮和權衡利弊的因素。最聰明的節省，有時卻常需要過分的消費，比如做大生意的交際費並不是一種浪費，乃是一種大度的用法，是一種恰當的投資。

慷慨大度往往有助於人的雄心的實現，可以使人們獲得多方面的收穫，幫助我們在社會的階梯中上升，這遠比把金錢存入銀行更有價值。所以，欲成大業者，應該做到深謀遠慮，切勿因吝嗇而妨礙自己希望的實現，使大好的機會喪失。

節儉的習慣如果用之過度，可能得不到良好結果，非但不能成爲進身之階，反而成爲絆腳的石頭。商人吝嗇得不肯多花資金來經營，農夫吝嗇得不肯在地裏多播種，是同樣不合理的節省。俗話說：「種得少，收成也少。」

總是在小的方面過度吝嗇，結果會使你在大的方面失敗。比如一個小商人只有一套衣服和一條領帶，非到破舊不堪才肯拋棄。他從未想到過要請一個有密切業務往來的客戶吃一頓飯，即使在旅行時與熟悉的客戶偶然相遇，也從不替客戶付一次旅費。因此，他落得個吝嗇的名聲，結果人人都不願與他做生意，而他竟然還不知道，使他蒙受極大損失的，就是他那過度節省的習慣。

許多人爲節省些小錢，竟損壞了自己的健康。要想在職業上獲得成功，必須防止不合理的節省。無論怎樣貧窮，你可以在別的地方講節省，但卻不可在食物上節省，因爲食物是健康的基礎，也是成功的基礎。

過度的、不當的節省，往往會消耗人的體力和精力。很多人身體患著疾病，但為了節省金錢竟不去求醫，不但忍受著痛苦，而且由於身體的病弱，在職業上也做不出出色的業績來。

凡是足以阻礙人們生命前進的，無論是疾病、貧窮還是其他障礙物，都應該不惜一切代價來設法診治和補救，這是每個人生命中最重要的事情。

富蘭克林強調：應該將增進自己的體力和智力作爲人生目標之一。所以，凡可增加健康和智力的事情，就要捨得投入。那些能夠促進自己成功、有利於自己事業的，在金錢方面千萬要避免過度不當的節省，因爲他對人生無益反而有害。

9. 珍惜每一美元的世界首富

富蘭克林認爲：珍惜每一美元，就可以成爲富豪。

薩姆．沃爾頓被譽爲世界首富。人們猜想他一定過著揮金如土、極端奢華的生活，而現實的情況是，當他變得很有錢乃至因此名聲大振時，他依然活得像一個普通百姓。人們對薩姆作爲一個億萬富豪開著一輛破舊的小貨運車，或在沃爾瑪商店買衣服大惑不解。

「我們就是這樣長大的。」薩姆的弟弟巴德對此做了解釋。他說：「當有一枚一便士硬幣丟在街上時，有多少人會走過去把它撿起來？我打賭我會，而我知道薩姆也會。」

也許，薩姆．沃爾頓積財億萬正始於珍惜每一個美元。這才是高財商的大智慧。

薩姆很小的時候就開始送報和打工，以賺取一點點報酬，作爲自己的零用錢。因而，他從小就知道，小孩幫助家裏養家糊口，做個貢獻者而不是光做個獲取者是很重要的。當然，在這個過程中，他也懂得了用自己的雙手掙取一個美元是多麼艱辛，而且也體會到這樣做是值得的。

薩姆在準備做出自己的一番事業時，早已對一個美元的價值懷有一種強烈的、根深蒂固的珍重意識。後來薩姆認識了海倫一家，得益於岳父大人的言傳身教，薩姆對貨幣和理財的知識更加精通在行。那時，薩姆一家只有很少的資產，也就是靠著他的這種節儉和精明，他們和子女共建了合夥企業，並把它發展爲資產過億的沃爾頓企業公司。

多少年來，薩姆一家把沃爾瑪的股份全部投入了那個合夥公司。沃爾頓企業公司的董事會，即薩姆一家是在達到共同的基礎上作出決策的。有時他們有爭論，有時則意見一致，但他們控制著付給每個人的金額，即每個人得到公平的報酬。幾年裏，子女們得到的與薩姆夫婦一樣多。薩姆一家就是這樣積累了企業資金，而不是到處花錢，過闊綽的生活。

通過家族式的合夥經營，薩姆將沃爾瑪公司牢牢拴成一個整體，而不致因隨意地零星拋售股份而被蠶食掉。至今，沃爾頓家族仍擁有公司38%的股份，對於任何想以集團形式掌握沃爾瑪公司的人來說，這一百分比已是一個非常龐大的份額了，這是對付試圖通過收購股票進行接管的最有效的防護辦法，這也是一個只有對其家庭的實力以及對其公司的增長潛力具有信心的家庭才能做到的事情。

薩姆堅信這種態度將至少持續到下一代——他們在沃爾瑪公司的大部分股份，將留在它原來的公司內。薩姆說：「我們不需要錢，我們不需要買一艘豪華遊艇。謝天謝地，我們更沒有想到要買一座小島供外出度假之用。我們恰恰沒有這種需要，也沒有這種雄心。」人們多年來沉湎於這些需要和雄心，許多公司就是這樣垮臺的，有些家庭時而拋售一些股票，以便維持他們闊綽的生活，接著就加快出售企業股份，直至有人把它全部收購過去，造成破產。而薩姆卻明確警示自己的後代：如果你們做出任何愚蠢的舉動，即使百年之後，我也將從地下爬出來找你算賬。

不要以爲薩姆是在哭窮，他承認，長期以來，他肯定擁有比家庭生活所需的遠爲寬裕的錢財——甚至在沃爾瑪公司迅猛發展之前也是這樣。然而，過度地享用金錢對薩姆來說，從來沒有多大的意義。他有足夠的食品，有優雅的地方居住，有多餘的房間養他的獵犬，有地方打獵，有地方打網球，並有財力使子女受到良好的教育，他認爲這就是富裕，這就夠了。

毫無疑問，薩姆已擁有一切。他也並非傻瓜，並非像有些人描述的那樣，吝嗇到過著貧民般的生活。他們一家都喜歡飛行，他們有舒適的飛機，然而，在前後買過的十八架飛機中，卻從來沒有一架是新的。他們一家也喜歡到一些風景優美的地方聚會，卻從來都住在普通的飯店裏。至於自己的房子，他們追求的也是簡樸、自然的風格。

薩姆認爲，炫耀奢侈豪華的生活方式在任何地方都不合適。他的格言是：每個人穿褲子，一隻褲管只能容一條腿，有錢人也一樣，多貪多占毫無意義。

談到沃爾瑪公司時，人們只有一種看法，薩姆太寒酸了，寒酸得與他的地位身分不相稱。公司曾決定，在營業額接近四百億美元之前，並且業務拓展到加利福尼亞和緬因州之前，絕不買一架噴氣式飛機。薩姆認爲這是一項實在的聲明，並且即使眞的達到了那個目標，要說服他那麼做也不容易。在旅途中，薩姆通常和職員們共住一個房間，有一次甚至八個人擠在一間屋裏。他們住中級飯店，在一些家庭式的小餐廳吃飯。與之相反的是，一直與薩姆打交道的一些野心勃勃的公司，以及那些領取高薪的公司主管們，正在肆無忌憚地揮霍錢財，他們的所作所爲令薩姆內心不安。他認爲這是當今美國企業界的一大弊端。這在中國企業界何嘗不也是一大弊端。

富蘭克林告誡青年：成由節儉，敗於奢侈。一個人乃至一個民族、一個國家，如果奢侈成風，就是沒有希望的人、沒有希望的民族、沒有希望的國家。

第六條 PART 06 勤勉

珍惜每一刻時間，去除一切不必要之舉，勤做有益的事

誠實和勤勉，應該成爲你永久的伴侶。

懶惰，比操勞更能消耗身體。

世上最高尚的問題是：我勤奮地做什麼有益的事？

1.心動，不如馬上行動

人生的種種缺憾，常是缺乏行動造成的，若不把握時機、及時行動，就無法擁有更多機會和成功。

以規劃人類工作及策略見長的美國心理學家麥格勞（P.C.Mcgraw）曾表示，在他還只是個經驗不足的實習醫師時，曾被派到醫院的老人病學單位。從接觸的那些來自各行各業、受教育程度不同的老者身上，他學到了不少珍貴的人生道理。

其中最寶貴的一課是，每一位垂暮的老人都希望能完成自己的未竟之夢：一位老人後悔沒能返回菲律賓，到同胞的墳上燒香；一位老人夢想自己的偵探小說能夠出版，卻始終鼓不起勇氣寄出手稿；另一位則後悔未能在孫女死於車禍前多陪陪她……

每一位老者都用不同的方式告訴麥格勞同樣的一句話：「別浪費生命，時光一去不復返啊！」

這些經驗豐富、充滿睿智的老者一再地說，他們的行動遠不及希望。他們不僅談到了自己的未竟之夢、錯失的機會，更談到了時機：生命固然會爲我們提供許多的機會之窗，但窗戶往往開了又關，機會一旦錯失，便永遠不再。

麥格勞由此想到，人生不是彩排，時光不留情，也無法再造。如果你未能把握時機、及時行動，就是浪費光陰。人生的種種缺憾，常是缺乏行動造成的，你若不及時行動，就無法擁有更多機會和成功。

人生很少有因拒絕、退縮而使生活變得更加美好的記錄，相反的，我們卻常能發現許多因勇於嘗試而使生活獲得改善的例子。無論是去看一場自己原先不想看的電影、書本，或者出遠門旅行、看看外頭的大千世界、認識新朋友、到遠方念大學，惟有勇於嘗試，才能找到生活的高點、驗證自己的潛力。

成功者和失敗者的差別就在於，成功者願意做那些失敗者不願去做的事情，願意採取有意義、有目標的行動，不會只是空想。人性的本能常會讓我們抗拒嶄新或不瞭解的事物，但如果我們總是只聽從自己抗拒與畏縮的本能，只怕永遠無法圓夢了。

當我們在評估自己的生活和願望時，務必要懂得把握機會，活在當下；若看不到機會，不妨自行創造機會。心動，不如馬上行動。

著名的科幻小說家雷德里克．波洛常被問到，該如何克服在寫作上所遇到的種種障礙與瓶頸？他說：

「當發現自己陷入困境時，就先寫些粗糙的草稿。先不管它有多麼粗糙、缺點多麼多。之後，再回頭來慢慢改寫。

「這樣的方法幫了我不少的忙，使『障礙』不再無限期地延續下去。我只管硬著頭皮做下去，不管想到什麼可能的思路，都把它寫在紙上。如果過後覺得那些東西不好，我隨時都可以修改。而與此同時，我也就前進了一步。

「不要幻想自己寫得確實『很精采』。你所要做的就是把它寫下來，然後，你就能有一個明確的東西，可供你去改寫、修正、提高。

「這和打棒球不同，你最多只能擊球三次，就得出局。但對於寫作的修正、改寫卻是毫無限制的；你想擊多少次就擊多少次，而且或遲或早，你總會擊中的。」

眞正的成功者不會在一開始付出努力的時候，就希冀得到傑出的成果，或在一開始就達到十全十美。他們也不會因爲害怕出差錯或被人視爲愚蠢、被人批評，就放棄心中的理想、目標，或拒絕去嘗試新的東西。

成功者知道，如果他們不去嘗試，就永遠實現不了、接近不了自己的目標。他絕不會等待情緒良好、一切順利才開始著手。因此，只要有一個不完備的計畫、一個粗糙的想法、念頭、草案，他們就會開始去嘗試、發展、實驗，並且在嘗試、付出的進程中，不斷地自我學習、充實，並且修正改進。

在不斷自我修正的進程中，他們也常會向有經驗的旁人、前輩們提出問題，認眞分析比自己更有經驗的成功者的行爲模式和各種方法，並因此得到新的提示，學到新的技巧，並在反復的觀察、體會，以及傾聽旁人的批評當中，不斷地重新修正、設法改進。而且，不管情緒如何、進展如何，他們總是堅持自己的工作、專注於自己的目標，久而久之，就能成功、嫻熟地駕馭自己的目標。

不管是改善人際關係，在工作領域取得成功，或者開始一項有趣的旅行計畫，都可以由搜集可行資料，向有經驗的成功者學習，在嘗試中不斷修正改進而得到成功。

然而，一切都是從願意先坐下來，由手中有限的資源著手嘗試開始。

2.勤勉努力是世界上最偉大的法則

富蘭克林認爲：勤勉努力，可以說是一種無形的財產和力量。培養成勤勉習性的人，雖然上了年紀，也由於習性的關係，不減勤勉且更努力；雖然他不認爲是勤勉努力，可是其所作所爲，會自然表現出勤勉努力。

在當今社會情勢之下，有形財產是有限的，而那些永遠寄託於自身的——學問、藝術、技術等無形財產，這是終身不會被人剝奪的東西。而這些人生資產必須靠勤勉努力才能獲得。由此看來，勤勉努力的習性，也就是終身不會脫離其人的貼身財產了。所以，人們需要進一步地對眞正財產的價值判斷有所認識和分析才行。

一個人，不管他曾經犯了什麼錯誤，如果他勤奮勞動、努力工作，單就這一點也是比較令人欣賞的。今日的情形，在職業場所方面，勤勉努力的工作人員也是被優先擢升的，有著勤勉習性的人也比較容易拿高薪或獎金。

人們應在年輕的時候，就培養成「勤勉努力」的習性。富蘭克林非常強調這一點，他認爲懶惰與勤勉兩種習性，都不會輕易地消失掉。當年紀大了，想改變懶惰成爲勤勉，就很困難了。所以，必須自年輕時，培養成勤勉的習慣才行。

日本成功的企業家松下幸之助說：

「我自己小時，在當學徒的七年當中，在老闆的教導之下，不得不勤勉從事學藝，也不知不覺地養成了勤勉的習性。所以在他人視爲辛苦困難的工作，我自己卻不覺得辛苦，甚至有人安慰我說『太辛苦了』的困難工作，我卻反覺得很快樂。換個立場說，我覺得快樂的工作，由旁人看來，只不過是認眞工作而已，所以我與他人的看法自然有差異了。

「我青年時代，始終一貫地被教導要勤勉努力。當時我想，如果把勤勉努力去掉，那麼一個青年人還所剩幾何？因爲青年人有所期望，才需要勤勉努力，此乃人生之一大原則。

事實上，在這個社會裏，對有勤勉努力習性的人，不太被人稱讚，也不會認爲他很有價值。因此我認爲大家應該無所顧忌地提升對具有這種良好習性者的評價，這樣才算是眞正對勤勉習性的價值有所認識。」由此可見，松下幸之助對勤勉習性的價值，有著深刻和切身的領悟。

生命的意義不僅僅是活著，而是要爲這個世界做出些什麼、留下些什麼。每個人都會留下點什麼，其成分與價值會因目標與勤奮程度而截然不同。

一般說來，存在是容易的，存在內容卻是極其嚴峻的選擇——一個人是否有一個遠大宏偉而又實實在在的目標，是否有科學、縝密而又合乎實際的方法，主要的在於是否具備不屈不撓的勤奮精神——這一切決定了一個人存在的意義。

理想使痛苦生輝，勤奮使人生變美。一個有點事業心的人，都不會輕易放棄自己的追求和奮鬥。貝多芬之所以偉大，就在於他揭示出一個真諦：戰勝命運！——堅韌離我們越近，失敗離我們就越遠。

幸福的人生不是安逸中的空想，而是踉蹌中的執著、重壓下的勇、逆境中的自信、艱苦中的勤勉和奮發，是在任何環境下都具備的自我適應、自我調解能力。

一味感歎是怯懦的習氣，永遠搏擊才是奮鬥的性格。一個人可能因匆匆上路而來不及準備必要的「工具」——知識、才幹、經驗；但只要頑強地走著，這些「工具」就會如期而至；只要頑強地走著，泥濘坎坷之路就是坦途，不毛之地也會開花結果……

富蘭克林強調：勤勉努力是世界上最偉大的法則，一個普通的靈魂，在勤奮之火的燃燒中，同樣會發出奪目的光亮和巨大的熱能。任何一個追求人生輝煌的人、不甘落人之後的人，都必須遵循這個偉大的法則。

3. 別讓懶惰腐蝕你的心靈

富蘭克林說過，「懶惰是一種毒藥，它既毒害人們的肉體，也毒害人們的心靈。」

懶惰是人們不願意或者無法按照自己的意願進行活動的一種精神狀態，是人們對生活中的一些消極情緒的反應。無論是對於個人還是對於一個民族而言，懶惰都是一種墮落的、具有毀滅性的東西。懶惰、懈怠從來沒有在世界歷史上留下好名聲，也永遠不會留下好名聲。懶惰是一種精神腐蝕劑，因爲懶惰，人們不願意爬過一個小山崗；因爲懶惰，人們不願意去戰勝那些完全可以戰勝的困難。懶惰銷蝕生命，懶惰毀滅人生。

每個人都有懶惰的天性，善於進行時間管理的人，能夠克服這種天性，使自己勤奮起來。單靠勤奮不一定能取得成功，但成功者無一不是勤奮的。懶惰的人在浪費時間的同時，也喪失了成功的機會。

在法國著名天文學家卡米爾．弗拉馬隆身邊，曾有過一名懶惰而又貪睡的助手，由於他的失職，使弗拉馬隆對星球的觀察，不止一次地遭到失敗。有一次，這個助手又睡得錯過了每天一次的夜間星球觀察。弗拉馬隆實在忍耐不住了，便生氣地對他說：「又錯過機會了！就在你睡覺的這段時間裏，這顆星已經『跑』了幾億公里了……，現在你給我到草垛裏找針去吧……」

據說血液循環的發現者哈威，一生中共有一百二十一次休假，卻沒有眞正休過一次，其中前六十一次用來做了實驗，後六十次用來作研究。達爾文也說過：「我相信我沒有偷過半小時的懶。」

眞正的幸福和成功，絕不會光顧那些精神痲木、四體不勤的人們，幸福和成功只存在於辛勤的勞動和晶瑩的汗水中。懶惰，只有懶惰才會使人們精神沮喪、萬念俱灰；勞動，也只有勞動才有創造生活，給人們帶來幸福和歡樂。任何人只要勞動，就必然要耗費體力和腦力，勞動也可能會使人們精疲力竭，但它絕對不會像懶惰一樣使人精神空虛、精神沮喪。

那些遊手好閒、不肯吃苦耐勞的人，總是有各種漂亮的藉口，他們不願意好好地工作、勞動，卻常常會想出各種主意和理由來爲自己辯解。一心想擁有某種東西，卻害怕或不敢或不願意付出相應的勞動，這是儒夫的表現。無論多麼美好的東西，人們只有付出相應的勞動和汗水，才能懂得這美好的東西是多麼來之不易，因而愈加珍惜它，才能從這種「擁有」中享受到快樂和幸福，這是一條萬古不變的眞理。

富蘭克林告誡青年：如果你有懶惰的習慣，那麼從現在開始，安排你的日程，及早地擺脫這一習慣吧，否則你不僅將一事無成，更重要的是，懶惰會像毒瘤一樣瘋狂地腐蝕你的心靈，使你變成一個十足的懶蟲，銷蝕生命、毀滅人生。

4.勤奮工作是一個人擁有真正生活的保護神

在富蘭克林去世前幾年，當被問及用一句簡單的話概括生活的準則時，他說：「這條準則可以用一個詞表達：工作。工作是生活的第一要義；不工作，生命就會變得空虛、就會變得毫無意義，也不會有樂趣。沒有人遊手好閒卻能感受到眞正的快樂。對於剛剛跨入生活門檻的年輕人來說，我的建議只是三個詞：工作，工作，工作！勤奮工作是一個人擁有眞正生活的保護神。」

生活是什麼？英國著名大企業家菲利浦斯．布魯克斯這樣回答：「當一個人知道他要做什麼，他就可以大聲地說：『這就是生活！』」這並不是說，一個人必須工作到筋疲力盡，在工作中嘗盡了酸甜苦辣，才歎息道：「這只是爲了生活。」

即使是最不起眼的職業，人們也能從自己的工作中體驗到快樂與滿足。在每個人的心靈裏，都會不時受到悲傷、悔恨、迷惑、自卑、絕望等不良情緒的侵擾，如果此時能集中精力於工作上，這些讓自己無法正常生活的負面影響，就會被拋在一邊。它們就像彈簧一樣，當你用力擠壓時，它們自然會弱下去。此時，人也眞正成了堅強、自尊的人。在勞動中，幸福和快樂會從心底迸發，像火一樣溫暖著自己和周圍的人。

「生活中有一條顚撲不破的眞理，」英國哲學家約翰．密爾說，「不管是最偉大的道德家，還是最普通的老百姓，都要遵循這一準則，無論世事如何變化，也要堅持這一信念。它就是，在充分考慮到自己的能力和外部條件的前提下，進行各種嘗試，找到最適合自己做的工作，然後集中精力、全力以赴地做下去。」

對於生性懶惰、從不認真工作的人，美好生活的大門是關閉的。每個人必須竭盡全力、勤奮工作。因為，工作是維繫人類命運的根本。

富蘭克林說：「我只敬重兩種人，沒有第三種。第一種是不辭辛勞的勞動者，他們勤勤懇懇、默默無聞，日復一日、年復一年，在改造自然的過程中，活出了人的尊嚴。我非常敬佩那些從事繁重勞動的體力勞動者。我欽佩的第二種人，是那些爲了人類能有一個獨立的、豐富的精神世界而孜孜求索的人。他們的勞動不是爲了一日三餐，卻是爲了增加生命的養分。稍事勞作就可以滿足日常生活的需要，難道就不需要用艱苦而又神聖的勞動，去換取輕鬆愉悅的精神生活和內心自由了嗎？我只敬佩這兩種人，其他的人都是廢物和社會的渣子。」

當代世界首富比爾．蓋茲說：「工作是人類與生俱來的權利，至今仍保存完好，它是最有效的心靈滋補劑，是醫治精神疾病的良藥。這從自然界就可以得到體現。一潭死水會逐漸變臭，奔流的小溪會更加清澈。如果沒有狂風暴雨，沒有颶風海嘯，地球上全部是陸地，空氣靜止不動，這樣的世界就毫無生趣。在氣候宜人、四季溫暖如春的地方，人們十分愜意地享受著生活，自然容易無精打采，甚至對生活產生厭倦。但是，如果他每天要爲自己的生計奔波，與大自然作殊死的搏鬥，他就會精神抖擻，經受各種鍛煉，發展出最強的力量。」

美國小說家馬修斯說：「勤奮工作是我們心靈的修復劑，可以讓生理和心理得到補償。可惜的是，人們常常只對受人關注的行業和要職感興趣，不再願意經受艱辛勞作的磨煉。但是，它卻是對付憤懣、憂鬱症、情緒低落、懶散的最好武器。有誰見過一個精力旺盛、生活充實的人，會苦惱不堪、可憐巴巴呢？英勇無敵、對勝利充滿渴望的士兵，是不會在乎一點小傷的。出色的演說家不會因爲身有小恙就口齒木訥、詞不達意的。這是爲什麼呢？當你的精神專注於一點，心中只有自己的事業，其他的不良情緒就不會侵入進來。空虛的人，其心靈是空蕩蕩的，四門大開，不滿、憂傷、厭倦等各種負面情緒就會乘虛而入，侵佔整個心靈，揮之不去。」

古希臘著名的醫生加龍說：「勞動是天然的保健醫生。」工作可以使人的肌肉發達、身體強壯，血液循環加快、思維敏捷、判斷準確；還可以喚醒沉睡已久的創造力，激發雄心，把更多的聰明才智發揮到工作中去。正是工作，才能使人覺得自己是一個人；必須從事工作、承擔責任，這才能顯示出人的尊嚴與偉大。

千百年來，除了勤奮工作，還有什麼能夠給我們帶來繁榮充實？它為貧窮的人開創了新的生活，它使千百萬人免於夭折……

馬齊奧教授說：「我常常感到壓抑和沮喪，但是，長年養成的工作習慣，讓我從中解脫了出來，即使再大的不幸也不會擊垮我。我覺得學術研究工作本身就是一種消遣，面對政治、社會、宗教方面的一些重大問題時，即使弄得筋疲力盡、無功而返，我也覺得生活很充實。」

富蘭克林號召青年：勤奮努力工作吧，一旦認眞堅持下去，勤奮就會像時刻守衛在身邊的保護神一樣，不斷地幫助自己邁向一個又一個成功的臺階。

5.珍惜生命中的每一秒鐘

富蘭克林認爲：人們要以珍惜的態度把握時間，從今天開始，從現在做起。記住！只有珍惜時間的人才能處處贏得主動；浪費時間的人只能處處被動，最後落得虛擲年華的一聲長歎。

其實，時間比金錢還要珍貴。有些人善於節約金錢，「一分錢還要掰成兩半用」。如果人們也能把一分鐘當作兩分鐘來用，人的生命豈不是增了一倍？

會利用時間，才能創造更多的財富，對社會才能做出更大的貢獻。世界上有很多偉人是靠珍惜時間取得就的。像大發明家愛迪生，平均三天就有一項發明，這是他爭分奪秒、辛勤工作的結果。

可能有人認爲人生漫長，浪費點時間沒什麼。這種想法是錯誤的，要知道，即使是短短的一分鐘也是寶貴的。

光陰似箭，日月如梭，人的生命是有限的，如果人們珍惜每一天，合理地安排時間，讓分分秒秒都有價值地度過，就等於延長了生命。切記，時間不會等人，在不知不覺中，它就會從身邊悄悄流過，所以一定要抓緊時間，充分利用好每一分鐘。那麼，人們何時行動呢？明天嗎？

好些人會說：「我計畫好了，從明天開始，從下星期開始我一定……」這樣的話也成爲許多人的生活方式。殊不知：「明日復明日，明日何其多！我生待明日，萬事成蹉跎。」人們把今天比爲現金，只有現金才能購物。昨天已成爲歷史，明天尚未到來，仍屬幻想。只有今天才實實在在地掌握在每個人的手中。時間既不能逆轉，也不能貯存，是一種不能再生的特殊資源，應好好珍惜。人生拼搏的機會是不多的，爲此，「有機堪搏直須搏，莫待無機空徘徊。」

富蘭克林呼籲：珍惜生命中的每一秒鐘吧！珍惜時間就是延長了生命。而珍惜時間的惟一途徑就是勤勉，勤勉能使時間延長。

6.抓住今天而有所作為

富蘭克林說：「一個今天等於兩個明天。」在歲月的長河中，昨天已經變成永久的歷史，凝固在那裏，再也不會回到現實；明天尚屬未來，還是一個捉摸不定的未知數，對人們眼下需要進行的學習和工作毫無實際意義。人們能夠抓住並能充分利用的只有今天。

開發時間資源，關鍵是開發「今天」，使「今天」發揮最大的效益。眞正屬於人們自己的時間，可以有把握使用的時間，只有「今天」。喪失了「今天」，也就喪失了「明天」和「未來」。一個人的成就大小，不在於生命的長短，而是取決於諸多因素。除了才華和客觀條件諸因素起作用外，能否抓住「今天」而有所作爲是至關重要的。如何才能抓住今天呢？

要想抓住「今天」，就不要等待「明天」，因爲總是等待「明天」，「明天」會把人們送進墳墓。

凡事推到「明天」的人，在同樣的條件下，他們總是落後於「今天」就動手作的人。因爲「今天」還沒有過完，卻要等待「明天」，豈不白白浪費「今天」這一寶貴時間。天長日久，那就落後許多，甚至永遠趕不上「今天」就動手作的人。

人們在任何時候都有客觀的困難，不過是困難的性質和程度不同罷了。千萬不要等待，因爲失去了現在，也就失去了未來。只有牢牢地抓住今天，說幹就幹，才有明天的成功和豐收，才能實現美好的理想。哲學家耶曼遜說過：「你能把握的只有今天，今日一天當明日兩天。」

人們都渴望成才，都祈求成就事業。如何才能實現呢？其中一個訣竅就是牢牢地「把握住今天」。人們要奮鬥、要創業，就得從「今天」開始，從「現在」開始，不氣餒、不止步，努力奮爭。所以，除了一天辦不完的大事情外，一般小的事情能處理完的都要處理完，不要留下尾巴，更不能拖到第二天才完成。人們寧可有始有終地做兩件完整的事，也不做八件半調子的事。這樣的好處是：集中精力去做每一件事；完成的事情越多，成就感越強，鬥志越旺；鍛煉了辦事能力；辦事有板有眼、善始善終，能給他人一個良好的印象。

一位法國青年畫家到法國現實主義風景畫大師柯羅家裏請教技法。柯羅指出他的作品中幾處不滿意的地方。這位青年畫家十分感動，連忙表示：「謝謝您，明天我全部修改。」

柯羅問他：「爲什麼要等到明天？要是您今天就死了呢？」

今天倒未必就死，但明天突如其來的新鮮事、意外的變化、應該做的工作，也許會把人們預計要辦的事情打亂，使本來可以完成的事不能完成，甚至永遠不能完成，成爲終生憾事。

屠格涅夫說得十分深刻：「『明天，明天，還有明天』，人們都在這樣安慰自己，殊不知這個『明天』就足以把他們送進墳墓了。」

日本曾風行「一日生涯」的工作觀，或稱「勵志觀」，即把「每天」當作自己生命的「最後一天」來度過。

每一個人遲早都會面臨死亡，如果每天提醒自己：這是生命的最後一天，這是身體健康狀況允許作事業的最後一天。這是抓緊「今天」有效工作的最好辦法。假如能把「每一天」當成「生命的最後一天」來對待，自己的精神狀態、工作方法、辦事效率等就會與往常大不一樣，就會抓住時間，爲實現今生今世的宏偉目標而努力拼搏，就不會再爲一些細枝末節、無關宏旨的瑣事分散精力和浪費時間；就會以極其和藹的態度對待周圍的一切人，就不會再計較以往的恩恩怨怨；就會把毀譽置之度外，把利祿棄之腦後，就會豁然大度地處理一切事務。

惟其如此，才能成爲眞正擺脫了精神枷鎖的人；才能一身輕鬆，無所顧忌地去爲實現自己的理想而奮鬥。這時工作效率之高，事業開拓之快，常人就無法可比了。

富蘭克林告誡青年：人生苦短，時不我待。抓住今天而有所作爲，才能一步一個新臺階地攀上人生的輝煌巔峰。

7.實幹精神會使你脫穎而出

富蘭克林說：實幹精神能夠讓一個年輕人實現他的願望，從芸芸眾生中脫穎而出。

如果人們都能全身心投入到自己的工作中去，即便是能力一般的人，也能取得很好的成績；即使那些令人厭煩的人，也會使人改變對他的看法。

每一個老闆自然認爲，勤勤懇懇、全神貫注、充滿熱情的員工更有價值，這樣的下屬在盡力幫助自己。另一方面，在那些冷漠、粗心大意、懶惰的員工的影響下，他也會覺得壓抑、對工作失去信心。因此，他會自覺地與有良好心態的員工在一起，關心他們的生活，擢升他們的職位，提高他們的薪水；對那些不專心工作、開脫責任、不注重實績的員工，他有一種本能的排斥心理。

對工作的不同態度：一心一意或三心二意，充滿熱情或不冷不熱，專注投入或冷漠淡然，其最終的結果有著天壤之別。

富蘭克林說：「來到這個世界上，做任何事都要全力以赴。」這樣做即使是最卑微的職業，也能從中體驗到快樂與滿足。

對補鞋這麼低微的工作，也有人把它當作藝術來做，全身心地投入，不管是打一個補丁還是換一個鞋底，他們都會一針一線地精心縫補。另外一些人截然相反，隨便打一個補丁，根本不管它的外觀，好像自己只是被逼著幹的，根本沒有熱情來關心工作的質量。前一種人熱愛這項工作，不是總想著從修鞋中賺多少錢，而是希望自己手藝更精，成爲當地最好的補鞋匠，從補鞋中獲得享受；後一種人只是把補鞋當成謀生的手段，根本無樂趣可言。

有些教師常以大師的標準要求自己，在教育生涯中全力以赴，以滿腔愛心、同情心和責任心對待每一位學生，學生也能從他們那裏得到教益，成爲其一生的財富。他們好像要把溫暖的陽光，照射到每個學生的心中。教室就像他們的作畫室，而他們是站在畫布前面的大師，全神貫注於自己的創作。

有些教師的態度則截然不同，從早晨一開始就對一天的工作覺得厭倦，想到要去給那些愚蠢的學生上課，就膩煩透頂，時時想著如果哪一天不用上課就解放了。他們的授課既無熱情、也無生氣，反而把不良心態傳染給了學生。

這就是實幹與否帶來的不同結果。

富蘭克林強調實幹精神，而他自己就是一個實幹家。在印刷所打工時，他迅速、出色地掌握了專業技能，憑實力成爲領高薪的工頭。上班時間，他以最高的效率工作，工餘時間，他抓緊時間讀書。他用自己賺的錢買機器設備，籌辦自己的印刷所，並且在競爭中獲勝。

從小到大，在印刷所工作、博覽群書、筆耕不輟，使他成爲極其嫻熟的印刷技師和出色的寫手。創業初期，他插手印刷所和報紙的一切事務——撰稿、編輯、策劃廣告、排字、印刷、修理設備……。那些簡陋的印刷機難免會出一些故障，他就是通宵達旦地工作，也要爭取解決故障、按時完成業務。他沒有時間去娛樂場所，沒有時間和人閒聊，沒有時間釣魚打獵，只把少得可憐的閒暇時間用於讀書。總之，他一直在行動。

他在科學上的貢獻更是舉世矚目。如果沒有實幹精神，他無法做出這麼多的貢獻——他揭示了電的本質，提出了「正電」和「負電」的概念，用普羅米修士式的行動揭開了雷電的秘密，在光學、熱學、聲學、數學、海洋學、植物學等方面都有很深的造詣，還發明了避雷針、新式火爐、電輪、三輪鍾、雙焦距眼鏡、自動烤肉機、玻璃樂器、高架取書器、新式路燈……，一個人身上集中了如此之多的成就，實在令人驚訝。

作爲企業家，愛迪生是實幹型的。二十三歲時他辦工廠，招募了一批工程師、工匠，層出不窮地推出各種電氣發明。這些人都熱愛自己的工作，迷戀自己充滿創造力的頭腦和雙手，都是工作狂；而愛迪生是「總工作狂」，他每天的睡眠時間不到四個小時。愛迪生的辦公桌就在工廠一角，每當完成一項發明，他就站起來，跳起非洲大陸的原始舞蹈，嘴裏還念念叨叨：「這麼簡單的解決辦法，怎麼原來沒想到。」

這已經成了一種標誌、一種信號，工人們一看到老闆跳舞，就圍過來，他們知道又有新鮮事可做了。訂單像雪片一樣飛來，在不斷增加人手的情況下還要日夜開工。工人們沒有抱怨，共同的興趣使他們與愛迪生建立了很深的友誼，何況這個不吝惜金錢的老闆經常用金錢獎勵他們。實幹成了他們共同的追求、共同的行動、共同的樂趣。

富蘭克林強調：一個人有了實幹精神，就能在看似枯燥乏味的工作中找到激情、找到樂趣、找到成就感，這樣，哪還有不成功的道理。

8.勤奮要講究策略，否則就是蠻幹

創造性勞動以腦力勞動爲主。腦力勞動不像體力勞動那樣「直觀」、「明瞭」，容易被人看到和理解，能夠得到別人的幫助和替代。體力勞動需要勤奮，腦力勞動——尤其是創造性的思維——更需要勤奮，勤奮是創造之神。

勤奮作爲創造之神，使人頭腦靈活、手腳麻利。頭腦靈活、手腳麻利，才能迅速捕捉資訊，收集大量資料，走在別人的前面；才能敏銳觀察事物，機智思索，萌生眾多妙想，促進創造、熟化創造。勤奮到一定時候、一定程度，就會「一朝分娩」，「瓜熟蒂落」。所以，富蘭克林認爲，不論在任何領域，理想和幹勁都極重要。他說，「任何領域最出類拔萃者，並非都是最有天賦者，但他們往往是最勤奮的，心懷凌雲之志，用汗水鋪建金光大道。」

勤奮不是蠻幹、瞎忙和突擊，也不是拼體力、耗精力。勤奮和下苦力是兩回事，一味盲目的「死幹」而不講究策略或方法，那無異於蠻幹。勤奮是有目的、有步驟的不斷耕耘、耐心觀察、長期積累、持久探索。科學巨匠牛頓曾經透露他成功的奧秘：「不是由於別的，都只是由於我的辛勤持久的思索所致。」達爾文在五年環球考察的日日夜夜，幾乎沒有一天不觀察、不閱讀、不思考。正如一位偉人所說：「偉大的成績和辛勤的勞動是成正比例的，有一分勞動就有一分收穫，日積月累，從少到多，奇蹟就可以創造出來。」

所以，要使每滴汗水成爲珍珠，就得學會巧幹——勤奮而講究策略。

追求理想。早早設計自己的理想，並全力以赴地追求，桂冠遲早非你莫屬！

計畫時間。對時間精打細算，勤奮是對時間最好的節約。

一次一步。別指望一步登天，要將目標視爲百步之旅，每次一步，百步即可達標。

改進弱點。在追求理想的過程中，不要只專注於自己喜愛並擅長的事，還應該聚焦於有待改進的弱點。

舉杯自賀。「馬要快跑，草得餵好。」這是顛撲不破之理。不論自己從事何種職業，別忘了時而慶賀自己的成功。獎勵可增強自己的鬥志，使自己作得更漂亮。

回顧往事。回顧往事，總結經驗，在每天工作、研究或訓練之後想一想，自己取得了哪些成績？哪些需再努把力？明天應著手什麼？等等。

勞逸結合。日程表中務必有充足的休息安排。在辛勞之後「換換擋」，使身心再度生機勃勃，將會幹得更出色。這是爲勤奮加油。

尋求後盾。如果一個人單槍匹馬，將難成大事。一個人必須有人支持，爲自己鼓勁，在有所成就時爲自己喝彩：「幹得好！」將自己的目標告訴親人和朋友，讓他們支持自己。反過來，他們也需要你的支援。

專心致志。專心致志，勤奮不已是通向成功的金光大道。

富蘭克林告誡青年：切記，勤奮不是苦幹，更不是蠻幹，勤奮而講究策略，能使人更快地到達人生理想的目的地。

國家圖書館出版品預行編目資料

正確取捨：富蘭克林的人生信條／高飛飛著. -- 1 版.
-- 新北市：華夏出版有限公司, 2022.11
面； 公分. --（Sunny 文庫；266）
ISBN 978-626-7134-50-4（平裝）
1.CST：富蘭克林（Franklin, Benjamin, 1706—1790）
2.CST：傳記 3.CST：美國

785.28 111012435

Sunny 文庫 266
正確取捨：富蘭克林的人生信條

著　　作　高飛飛
印　　刷　百通科技股份有限公司
　　　　　電話：02-86926066 傳真：02-86926016
出　　版　華夏出版有限公司
　　　　　220 新北市板橋區縣民大道 3 段 93 巷 30 弄 25 號 1 樓
　　　　　電話：02-32343788 傳真：02-22234544
E-mail：　pftwsdom@ms7.hinet.net
總 經 銷　貿騰發賣股份有限公司
　　　　　新北市 235 中和區立德街 136 號 6 樓
　　　　　電話：02-82275988 傳真：02-82275989
　　　　　網址：www.namode.com
版　　次　2022 年 11 月 1 版
特　　價　新台幣 320 元 (缺頁或破損的書，請寄回更換)

ISBN：978-626-7134-50-4